◆はしがき◆

　初めてタイ語の会話本を書いてから20年以上たちますが、この間にタイ語に対しての認識は驚くほど広く深くなったと思います。テレビや新聞の広告でタイ語を見たり聞いたりする機会も多くなりました。

　タイ語を書くことに抵抗がなく、広告、看板、メニューを見て読めるようになれたらいい、しかも声調も分かればなおさらいいという、「サワッディー」などの挨拶から一歩踏み込んだのが本書です。初めてタイ語を書いて読んでみようという場合、どんなことをお伝えすればよいだろうかということを念頭にまとめていきました。文字を見たときの抵抗感をなくすため、タイ語の発音をカタカナ表記にして、例外については補足を入れました。

　しかし、カタカナ表記だけでは実際の発音と少々ずれがあることもご承知ください。カタカナ表示があることで、カタカナだけを読んでしまうことから発生する発音のずれを克服するには、CDの発音を何度も聞いて、正しい音を耳で聞いて発音し、さらに自分の耳で確かめていくという練習方法を繰り返してください。

　来日して日本語を覚え始めたときは、読みが分からない難しい漢字も読めないまま書いていました。日本の新聞記事をマス入り原稿用紙に丸写しして、繰り返し書いて覚えました。「秋雨前線が日本の南から九州南部に停滞する」「東北の夏の風物誌、仙台七夕まつり」といった決まった言い方も書いているうちに自然と慣れ、いつの間にか覚えていました。

　まず、小学生が50音を練習する気分で、タイ語の「コー・カイ表」の書き取りをしてみてください。文字を覚えたら自分の名前を書いたり、簡単な単語を綴ってみてください。この文字の組み合わせでどんな単語にも変身するのですから、まさにタイ語の第一歩です。

　さらに、インターネット時代にも対応できるよう「パソコンでタイ語を表示する」を加えました。パソコンでタイ文字を入力してみることで、さらにタイ語の世界が広がっていくと確信しております。

　日本語の奥深さに魅せられている筆者が、日本語を用いて、タイ語を読み、書くためのきっかけになる本書をご提供できればこの上ない喜びです。

2006年9月　　クリエンクライ・ラワンクル

◆ この本の使い方 ◆

　本書は、日本人にはなじみの薄いタイ語の文字を書いて読めるようになるために編纂されたものです。
　まず、「基本編」で子音字や母音符号の読み書きを練習しましょう。慣れてきたら、単語や簡単な会話表現も書いてみてください。後半の「やさしい解説編」では、発音の決まりや注意点について少し詳しく説明しています。付属のCDを聞きながら練習してください。

― 基本編 ―

(子音字の例)

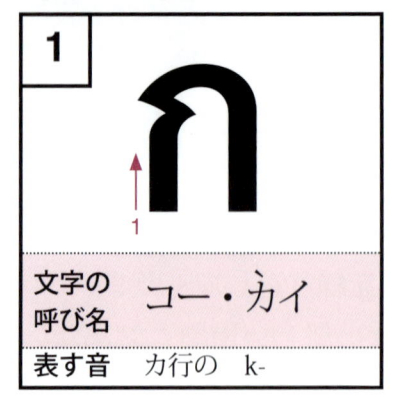

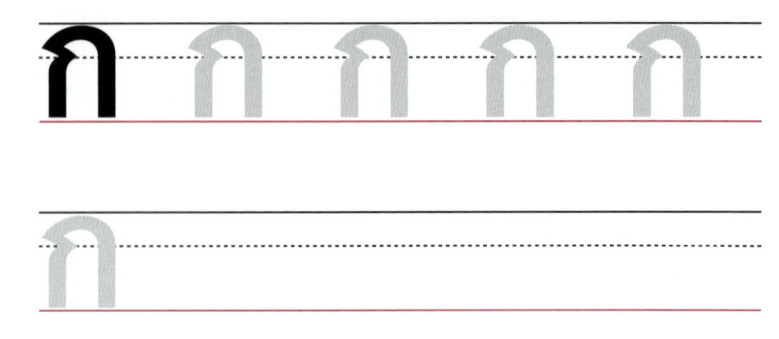

文字の呼び名	コー・カイ
表す音	カ行の k-

(母音符号の例)

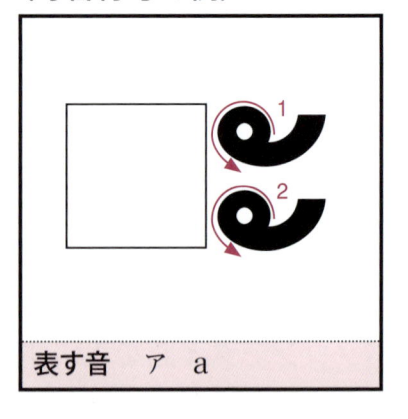

表す音	ア a

○**タイ語の書体**…日本語でも印刷物によって明朝体、ゴチック体などいろいろな書体がありますが、タイ語でも同様にさまざまな書体があります。ここではなるべく標準的な書体を使っています。

○**タイ語の書き順**…タイ語は左から右へ書いていく横書きです。筆順にしたがって、薄墨になっているところをなぞってみましょう。

□…頭子音　　■…末子音

（会話の例）

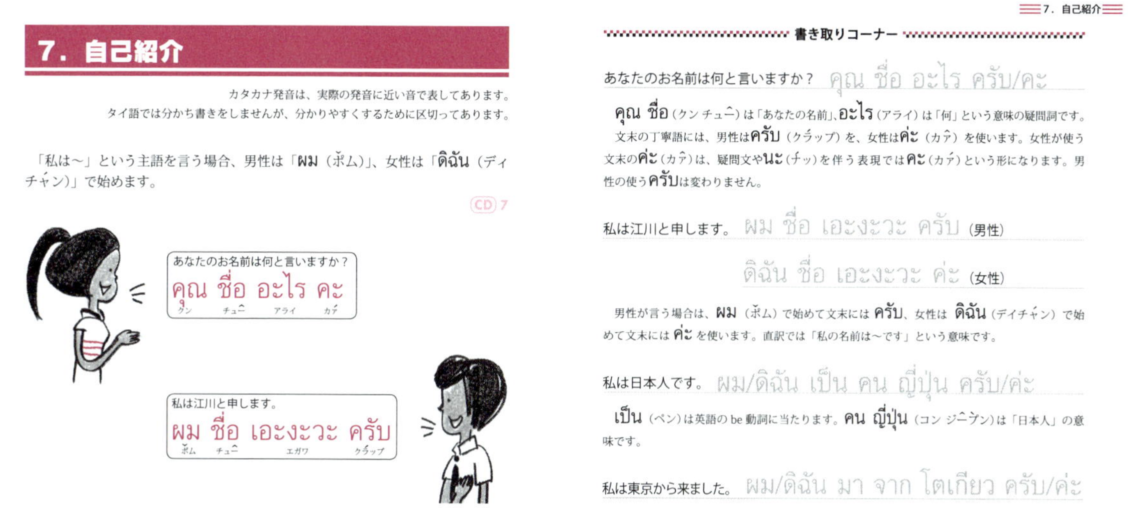

7. 自己紹介

カタカナ発音は、実際の発音に近い音で表してあります。
タイ語では分かち書きをしませんが、分かりやすくするために区切ってあります。

「私は〜」という主語を言う場合、男性は「**ผม**（ポム）」、女性は「**ดิฉัน**（ディチャン）」で始めます。

あなたのお名前は何と言いますか？
คุณ ชื่อ อะไร คะ

私は江川と申します。
ผม ชื่อ เอะงะวะ ครับ

━━ 書き取りコーナー ━━

あなたのお名前は何と言いますか？ **คุณ ชื่อ อะไร ครับ/คะ**

คุณ ชื่อ（クンチュー）は「あなたの名前」、**อะไร**（アライ）は「何」という意味の疑問詞です。
文末の丁寧語には、男性は**ครับ**（クラップ）を、女性は**ค่ะ**（カテ）を使います。女性が使う文末の**ค่ะ**（カテ）は、疑問文や**นะ**（ナッ）を伴う表現では**คะ**（カテ）という形になります。男性の使う**ครับ**は変わりません。

私は江川と申します。　**ผม ชื่อ เอะงะวะ ครับ**（男性）
　　　　　　　　　　　ดิฉัน ชื่อ เอะงะวะ ค่ะ（女性）

男性が言う場合は、**ผม**（ポム）で始めて文末には**ครับ**、女性は**ดิฉัน**（ディチャン）で始めて文末には**ค่ะ**を使います。直訳では「私の名前は〜です」という意味です。

私は日本人です。　**ผม/ดิฉัน เป็น คน ญี่ปุ่น ครับ/ค่ะ**

เป็น（ペン）は英語のbe動詞に当たります。**คน ญี่ปุ่น**（コンジーブン）は「日本人」の意味です。

私は東京から来ました。　**ผม/ดิฉัน มา จาก โตเกียว ครับ/ค่ะ**

○カタカナ発音…発音は日本人が分かりやすいようにカタカナで表記してあります。ただし、日本語にはない音もたくさんあるので、必ずCDで確認するようにしてください。

○男性語と女性語…タイ語では男女で言葉遣いが違います。文末の丁寧語では、女性は**ค่ะ**（カテ）、**คะ**（カテ）、男性は**ครับ**（クラップ）が使われます。

━━ やさしい解説編 ━━

（声調符号の例）

○声調符号…タイ語の発音で重要なものに声調があります。子音字や母音符号、声調符号などの組み合わせによって声調が決まります。発音記号・カタカナ発音にも声調を表す記号を示しています。

CD のマーク…付属のCDに音声が収録されています。タイ文字・タイ語の音声は全て2回繰り返しています。

タイ文字カード…巻末にはタイ文字カードが付いています。子音字・母音符号・声調符号が載っているので、切り離して暗記カードとして使ってみましょう。

◆ 目 次 ◆

はしがき ……………………………………………………………… 1
この本の使い方 …………………………………………………… 2
コー・カイ表（子音字の呼び名表）…………………………… 6

― 基本編 ―

1．タイ語はこんな言葉
　1　タイ文字の歴史 …………………………………………… 8
　2　タイ語の特徴 ……………………………………………… 9

2．タイ語の文字と発音
　1　子音字 ……………………………………………………… 10
　2　子音字の練習 ……………………………………………… 12
　3　子音の発音 ………………………………………………… 23
　4　母音の符号と発音 ………………………………………… 26
　5　母音符号の練習 …………………………………………… 28
　6　母音符号と子音字の組み合わせ ………………………… 37
　7　コー・カイ表の単語練習 ………………………………… 39

3．タイ語の数字 ………………………………………………… 48

4．タイ文字で書く日本語50音 ……………………………… 50

5．月と曜日など ………………………………………………… 52

6．あいさつ ……………………………………………………… 54

7．自己紹介 ……………………………………………………… 58

8．買い物 ………………………………………………………… 60

9．レストラン …………………………………………………… 62

― やさしい解説編 ―

1．子音の発音のしかた
- 1 子音の3つのグループ ……………………………………… 66
- 2 頭子音の発音 ……………………………………………… 66
- 3 末子音の発音 ……………………………………………… 69

2．母音の発音のしかた
- 1 短母音の発音 ……………………………………………… 71
- 2 長母音の発音 ……………………………………………… 71
- 3 二重母音の発音 …………………………………………… 72
- 4 その他の母音の発音 ……………………………………… 72

3．声調の発音と見分け方
- 1 声調の発音 ………………………………………………… 73
- 2 声調符号 …………………………………………………… 74
- 3 声調の見分け方 …………………………………………… 75
- 4 声調符号の練習 …………………………………………… 77

4．子音字が連続する場合
- 1 二重子音 …………………………………………………… 78
- 2 ห が入った単語は注意 …………………………………… 79
- 3 อย が入った単語は注意 ………………………………… 80
- 4 擬似二重子音 ……………………………………………… 81
- 5 頭子音＋末子音（□■）の2文字から成る音節 ……… 81
- 6 一字再読字 ………………………………………………… 81

5．その他の符号と発音の決まり
- 1 黙字符号（ ์ ） …………………………………………… 82
- 2 反復符号（ ๆ ） …………………………………………… 82
- 3 省略記号（ ฯ、ฯลฯ） …………………………………… 82
- 4 ฤ、ฤๅ について ………………………………………… 83

6．「コー・カイ表」で単語にチャレンジ ……………………… 84

7．パソコンでタイ語を表示する ……………………………… 94

付録
タイ文字カード

コー・カイ表（子音字の呼び名表）

#	字	音	呼び名	転写
1	ก	k	コー・カイ	kɔɔ kày
2	ข	kh	コー・カイ	khɔ̌ɔ khàay
3	ค	kh	コー・クワーイ	khɔɔ khwaay
4	ฆ	kh	コー・ラカン	khɔɔ rakhaŋ
5	ง	ŋ	ゴー・グー	ŋɔɔ ŋuu
6	จ	c	チョー・チャーン	cɔɔ caan
7	ฉ	ch	チョー・チン	chɔ̌ɔ chìŋ
8	ช	ch	チョー・チャーン	chɔɔ cháaŋ
9	ซ	s	ソー・ソー	sɔɔ sôo
10	ฌ	ch	チョー・カチュー	chɔɔ kachəə
11	ญ	y	ヨー・イン	yɔɔ yǐŋ
12	ฎ	d	ドー・チャダー	dɔɔ chadaa
13	ฏ	t	トー・パタック	tɔɔ patàk
14	ฐ	th	トー・ターン	thɔ̌ɔ thǎan
15	ฑ	th	トー・ナーンモントー	thɔɔ naaŋmonthoo
16	ฒ	th	トー・プータオ	thɔɔ phûuthâw
17	ณ	n	ノー・ネーン	nɔɔ neen
18	ด	d	ドー・デック	dɔɔ dèk
19	ต	t	トー・タオ	tɔɔ tàw
20	ถ	th	トー・トゥン	thɔ̌ɔ thǔŋ
21	ท	th	トー・タハーン	thɔɔ thahǎan
22	ธ	th	トー・トン	thɔɔ thoŋ
23	น	n	ノー・ヌー	nɔɔ nǔu
24	บ	b	ボー・バイマーイ	bɔɔ baymáay
25	ป	p	ポー・プラー	pɔɔ plaa
26	ผ	ph	ポー・プン	phɔ̌ɔ phûŋ
27	ฝ	f	フォー・ファー	fɔ̌ɔ fǎa
28	พ	ph	ポー・パーン	phɔɔ phaan
29	ฟ	f	フォー・ファン	fɔɔ fan
30	ภ	ph	ポー・サムパオ	phɔɔ sǎmphaw
31	ม	m	モー・マー	mɔɔ máa
32	ย	y	ヨー・ヤック	yɔɔ yák
33	ร	r	ロー・ルゥア	rɔɔ rɯa
34	ล	l	ロー・リン	lɔɔ liŋ
35	ว	w	ウォー・ウェーン	wɔɔ wɛ̌ɛn
36	ศ	s	ソー・サーラー	sɔ̌ɔ sǎalaa
37	ษ	s	ソー・ルゥースィー	sɔ̌ɔ rɯɯsǐi
38	ส	s	ソー・スゥア	sɔ̌ɔ sǔa
39	ห	h	ホー・ヒープ	hɔ̌ɔ hìip
40	ฬ	l	ロー・チュラー	lɔɔ culaa
41	อ	–	オー・アーン	ʔɔɔ ʔàaŋ
42	ฮ	h	ホー・ノックフーク	hɔɔ nókhûuk

※ 32 ย、35 ว、41 อ は母音符号としても使われます。

基 本 編

1. タイ語はこんな言葉

1 タイ文字の歴史

　タイ民族の起源は、中国南部の雲南から四川にかけてとされ、8世紀ごろからしだいに南下して王国を築いていました。モンゴル民族の侵入により、13世紀ごろから再び南下し、すでに定住していた民族と同化しながら、中国南西部からインドシナ、マレー半島からミャンマーやインドの一部地域に定住し、多様な国家・文化を形成していきました。

　メコン川中下流域にあった真臘(しんろう)（カンボジア）のクメール王朝は、9～13世紀に栄えていましたが、このクメール王朝が衰退してゆき、タイ民族はインドシナ半島に最初の国家を建設しました。これがスコータイ王朝（13世紀中期～14世紀中期）です。この王朝はクメール文化の影響を強く受け、仏教を取り入れ、文字も作りました。

　タイ文字は、タイ人の祖先がクメール人（カンボジア人の祖先）の持つインド系クメール文字を改良して作られました。この文字がスコータイ文字と呼ばれ、タイ文字の源流とされています。

　このスコータイ王朝の時代にラームカムヘーン大王によって作られた「ラームカムヘーン大王碑文」は、史料として現存する最古のもので、タイ文字の母体になったと言われています。その後、アユタヤ王朝のナーラーイ王の時代（17世紀中期～末期）になって、現在のタイ文字に近い形態になりました。

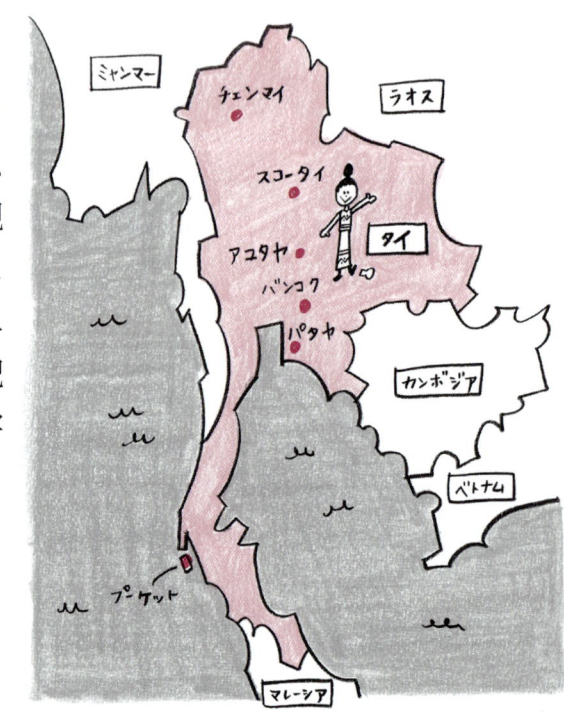

2　タイ語の特徴

　タイ語は美しい音の響きが耳に心地よく、その音の魅力がタイ語を学ぶきっかけになったという話をよく聞きます。では、タイ語はどんな言葉でしょうか。

◆タイ文字は、子音と母音に分かれた**表音文字**です。
◆タイ文字は、**子音字と、母音や声調などを示す各種符号との組み合わせ**でできています。母音符号は子音字の左・右・上・下に置かれます。次の例で文字のしくみを見てください。

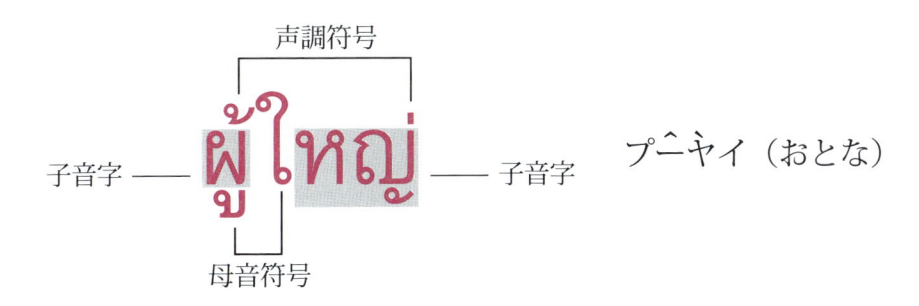

声調符号
子音字 ── ผู้ใหญ่ ── 子音字　　プーヤイ（おとな）
母音符号

◆タイ語は、**音節**（子音と母音のひとかたまり）**ごと**に記してゆきます。タイ語の基本となる言葉のほとんどは1音節です。例えば、「母」はメー、「水」はナーム、「来る」はマーと言います。
◆タイ語の音節には必ず**声調**があります。声調とは音の高低や上げ下げのことで、同じ音でも声調の違いによって異なる意味になります。

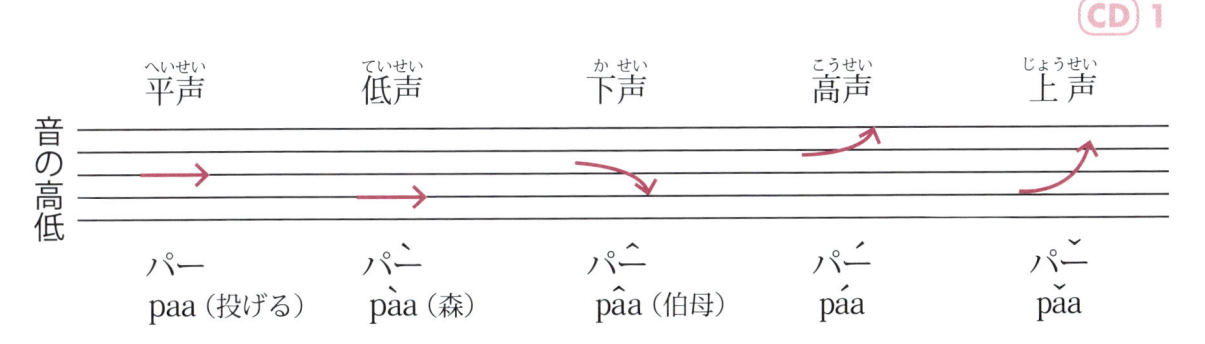

平声	低声	下声	高声	上声
パー	パー	パー	パー	パー
paa（投げる）	pàa（森）	pâa（伯母）	páa	pǎa

◆タイ語では、**男性と女性による言葉の使い分け**があります。このことは「私」などの人称代名詞や文末の丁寧語に見られます。ほかに、目上の人に対する尊敬語や謙譲語、王族に対する特別な言葉もあります。
◆タイ語は、**左から右への横書き**です。ただし、英語などと違って、大文字・小文字の区別、コンマ・ピリオド、単語ごとの分かち書き、数や人称による語形の変化などはありません。

2. タイ語の文字と発音

1 子音字

　タイ文字の子音字は全部で **42 文字**あり、アルファベットのように一定の順番で並んでいます。この子音字の一覧表を、最初の文字の呼び名が「コー・カイ」であることから「コー・カイ表」と言います。この呼び名は、複数ある同音の子音字を区別するために付けられています。

　ここで、ちょっと CD を聞いてみてください（子音は単独では発音することができないので、子音の後に母音の「オー（ɔɔ）」を付けて読みます）。カタカナで書くと同じ「コー」ですが、耳で聞くと音が高かったり、低かったり、同じ音だったりしていますね。それぞれの子音字がどの文字なのか分かるように、その文字を使った単語を後ろに続けた形が呼び名になっています。これらの単語は、生活の中でなじみのある名詞で、子供にも分かりやすいものが使われています。

　この子音字の呼び名は、私たちがつづりを説明するときに「東京のト」のように言うことがありますが、そのようなものと理解してください。

　右の表の **1** を例にとって説明しましょう。

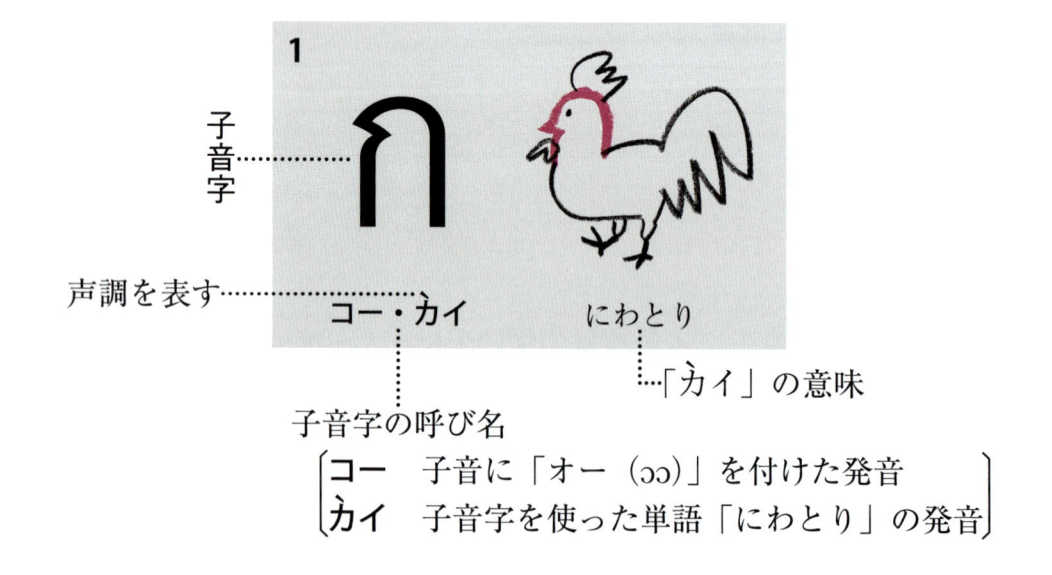

```
        1
子音字 ……… ก           [にわとりの絵]

声調を表す ……… コー・カイ   にわとり
                              └…「カイ」の意味
            子音字の呼び名
            ⎡ コー  子音に「オー（ɔɔ）」を付けた発音 ⎤
            ⎣ カイ  子音字を使った単語「にわとり」の発音 ⎦
```

コー・カイ表（子音字の呼び名表）

#	文字	呼び名	意味
1	ก	コー・カイ	にわとり
2	ข	コー・カイ	卵
3	ค	コー・クワーイ	水牛
4	ฆ	コー・ラカン	鐘
5	ง	ゴー・グー	蛇
6	จ	チョー・チャーン	皿
7	ฉ	チョー・チン	シンバル
8	ช	チョー・チャーン	象
9	ซ	ソー・ソー	鎖
10	ฌ	チョー・カチュー	樹
11	ญ	ヨー・イン	女性
12	ฎ	ドー・チャダー	冠
13	ฏ	トー・パタック	やり
14	ฐ	トー・ターン	台座
15	ฑ	トー・ナーンモントー	モントー夫人
16	ฒ	トー・プータオ	老人
17	ณ	ノー・ネーン	修行僧
18	ด	ドー・デック	子供
19	ต	トー・タオ	亀
20	ถ	トー・トゥン	袋
21	ท	トー・タハーン	兵士
22	ธ	トー・トン	旗
23	น	ノー・ヌー	ねずみ
24	บ	ボー・バイマーイ	葉
25	ป	ポー・プラー	魚
26	ผ	ポー・プゥン	みつばち
27	ฝ	フォー・ファー	ふた
28	พ	ポー・パーン	高脚台
29	ฟ	フォー・ファン	歯
30	ภ	ポー・サムパオ	ジャンク船
31	ม	モー・マー	馬
32	ย	ヨー・ヤック	鬼
33	ร	ロー・ルゥア	船
34	ล	ロー・リン	猿
35	ว	ウォー・ウェーン	指輪
36	ศ	ソー・サーラー	あずまや
37	ษ	ソー・ルースィー	行者
38	ส	ソー・スゥア	虎
39	ห	ホー・ヒープ	箱
40	ฬ	ロー・チュラー	星形の凧
41	อ	オー・アーン	たらい
42	ฮ	ホー・ノックフーク	ふくろう

※ 32 ย、35 ว、41 อ は母音符号としても使われます。

2　子音字の練習

　実際に 42 の子音字を書いてみましょう。

　文字はほとんどが一筆書きで、左から右に書いていく横書きですが、丸があれば丸から先に書き始めます。丸には右向きと左向きがあります。

　筆順を 1、2、…の番号で示してありますので、筆順にしたがって何度も練習してみてください。

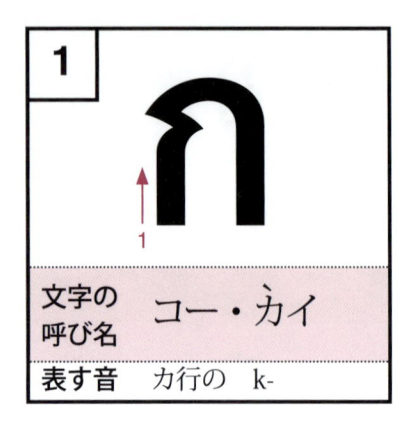

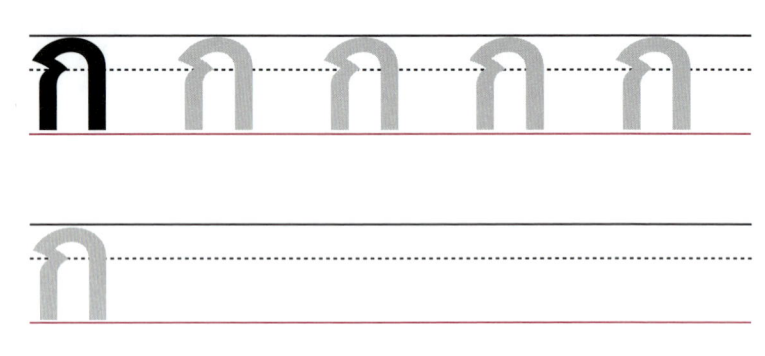

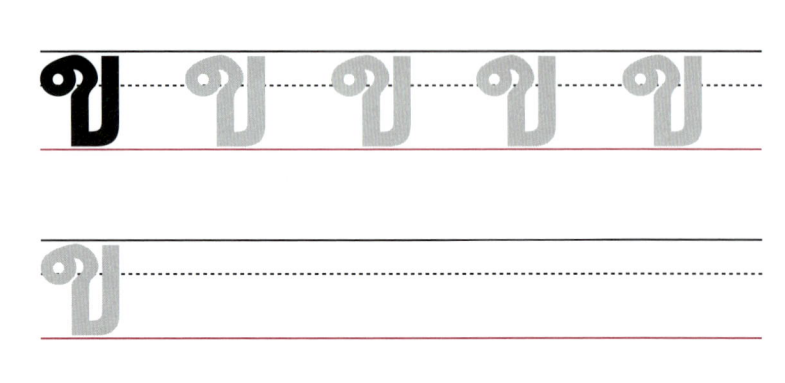

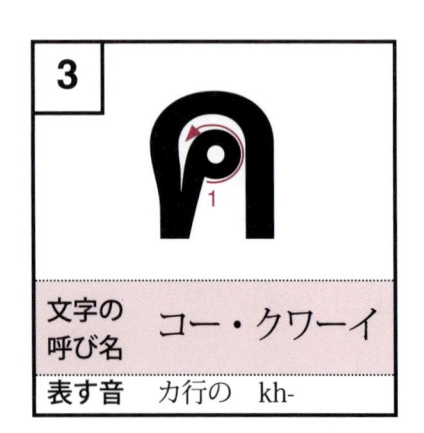

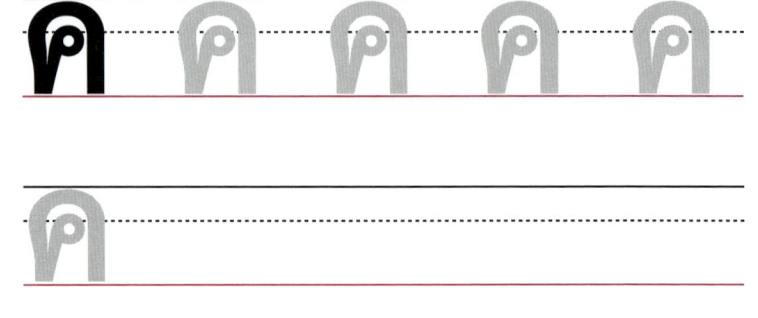

1 ก

文字の呼び名	コー・カイ
表す音	カ行の　k-

2 ข

文字の呼び名	コ̌ー・カイ
表す音	カ行の　kh-

3 ค

文字の呼び名	コー・クワーイ
表す音	カ行の　kh-

2．タイ語の文字と発音

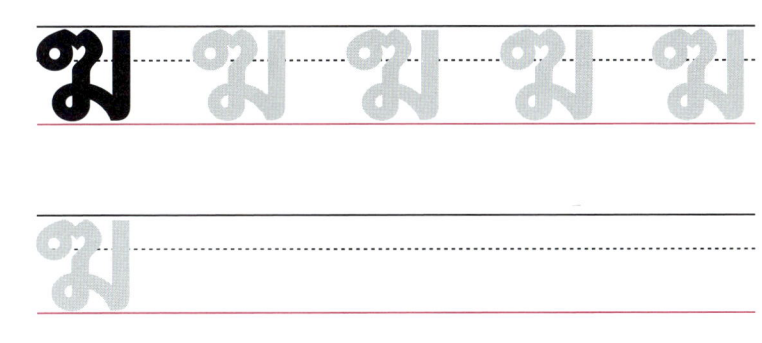

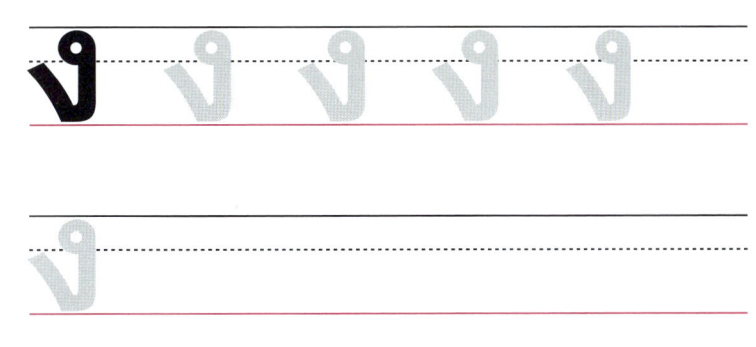

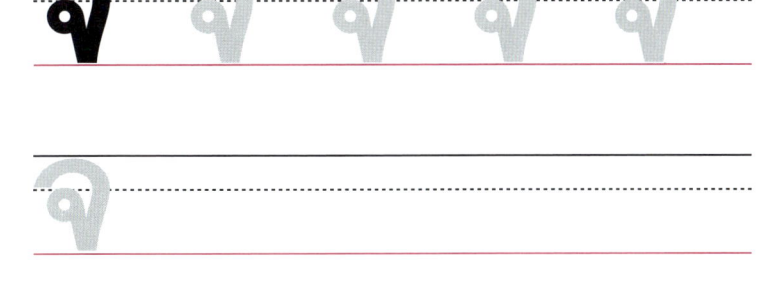

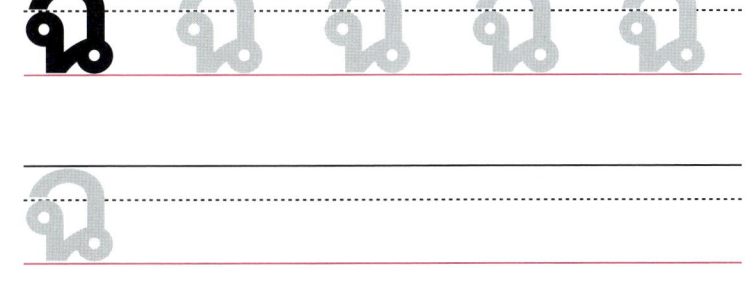

4 ฆ
- 文字の呼び名：コー・ラカン
- 表す音：カ行の kh-

5 ง
- 文字の呼び名：ゴー・グー
- 表す音：ガ行の ŋ-

6 จ
- 文字の呼び名：チョー・チャーン
- 表す音：チャ行の c-

7 ฉ
- 文字の呼び名：チョー・チン
- 表す音：チャ行の ch-

13

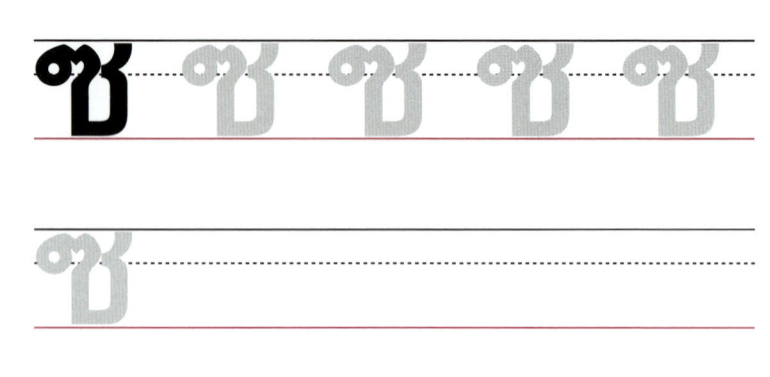

8	ช
文字の呼び名	チョー・チャーン
表す音	チャ行の ch-

ช ช ช ช ช
ช

9	ซ
文字の呼び名	ソー・ソー
表す音	サ行の s-

ซ ซ ซ ซ ซ
ซ

10	ฌ
文字の呼び名	チョー・カチュー
表す音	チャ行の ch-

ฌ ฌ ฌ ฌ
ฌ

11	ญ
文字の呼び名	ヨー・イン
表す音	ヤ行の y-

ญ ญ ญ ญ
ญ

2．タイ語の文字と発音

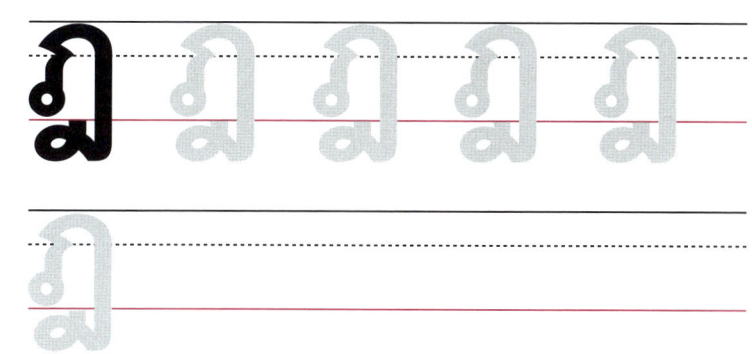

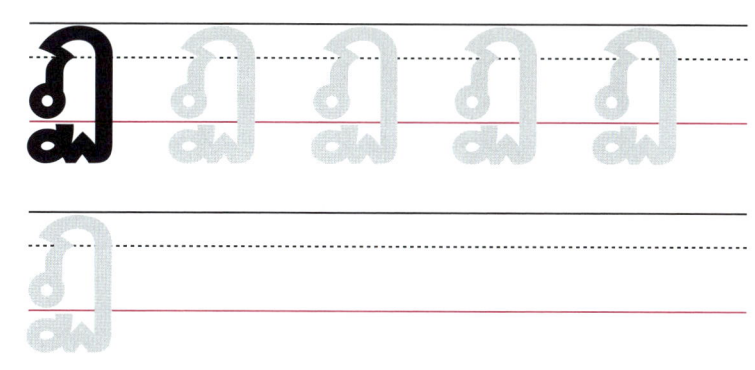

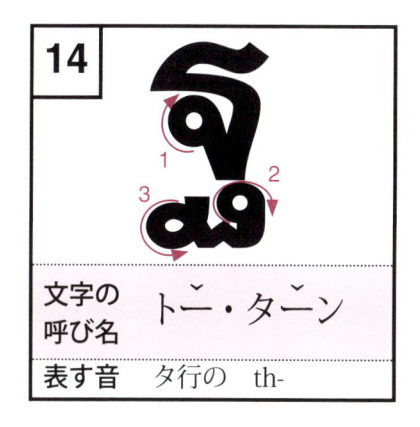

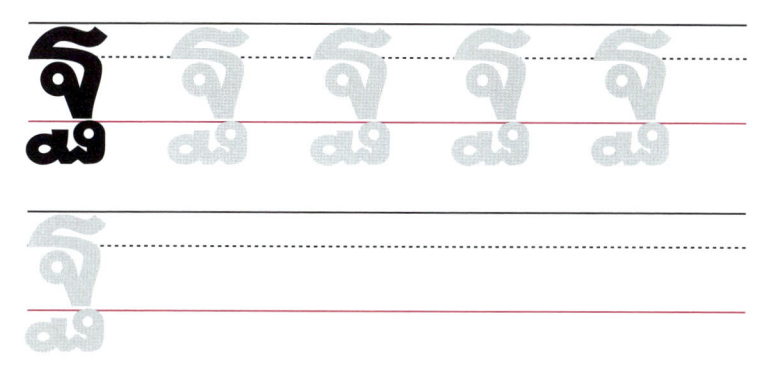

12 ฎ

文字の呼び名	ドー・チャダー
表す音	ダ行の d-

13 ฏ

文字の呼び名	トー・パタック
表す音	タ行の t-

14 ฐ

文字の呼び名	トー・ターン
表す音	タ行の th-

15 ฑ

文字の呼び名	トー・ナーンモントー
表す音	タ行の th-

15

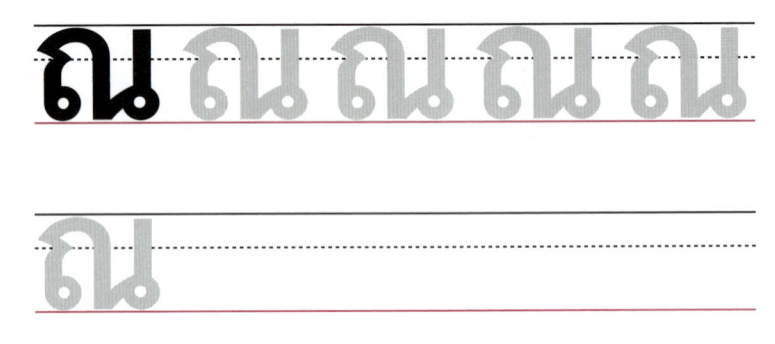

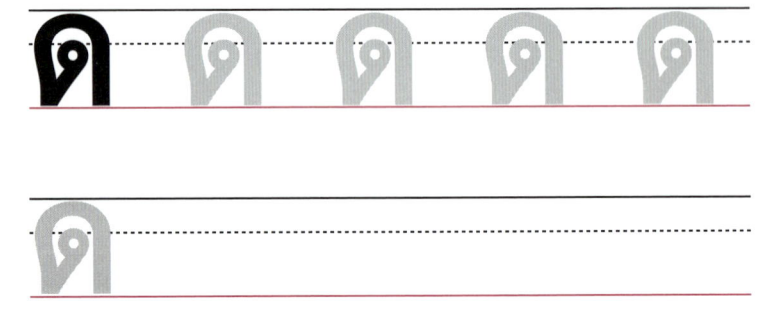

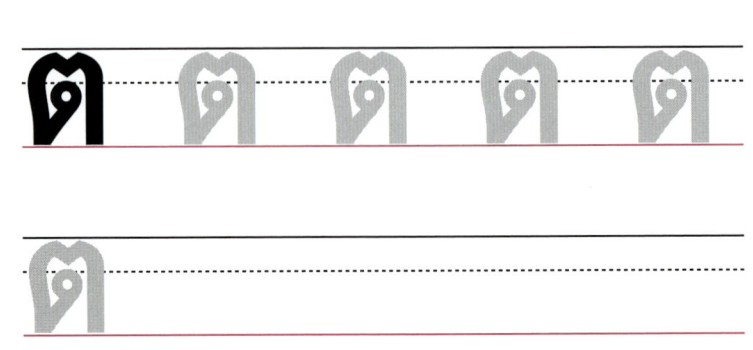

16	ฌ	ฌ ฌ ฌ ฌ ฌ
文字の呼び名	トー・プーニ゚タ゚オ	ฌ
表す音	タ行の th-	

17	ญ	ญ ญ ญ ญ ญ
文字の呼び名	ノー・ネーン	ญ
表す音	ナ行の n-	

18	ด	ด ด ด ด ด
文字の呼び名	ドー・デック	ด
表す音	ダ行の d-	

19	ต	ต ต ต ต ต
文字の呼び名	トー・タ゚オ	ต
表す音	タ行の t-	

2．タイ語の文字と発音

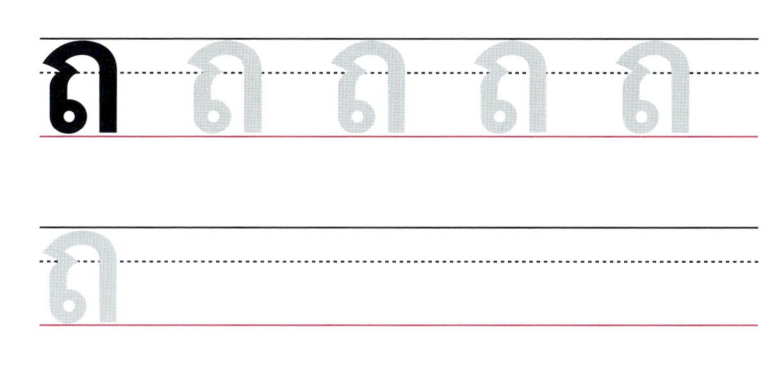

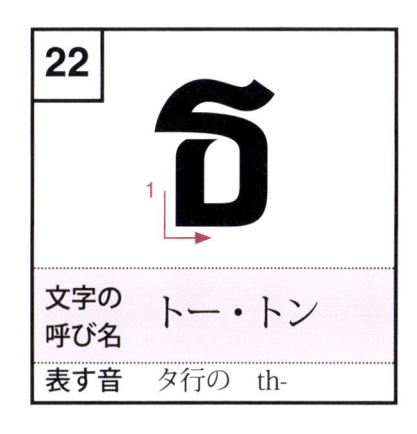

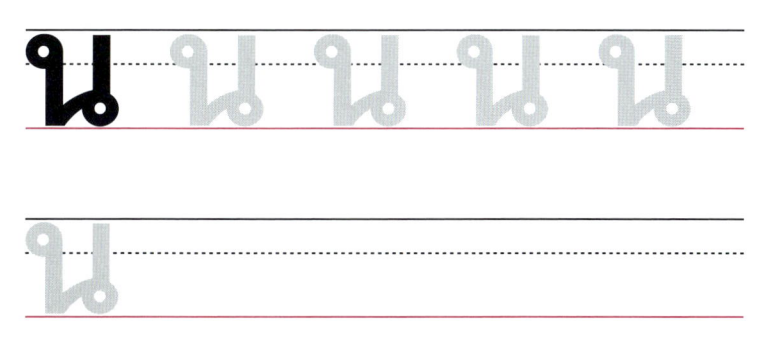

20 ถ

文字の呼び名	トー・トゥン
表す音	タ行の th-

21 ท

文字の呼び名	トー・タハーン
表す音	タ行の th-

22 ธ

文字の呼び名	トー・トン
表す音	タ行の th-

23 น

文字の呼び名	ノー・ヌー
表す音	ナ行の n-

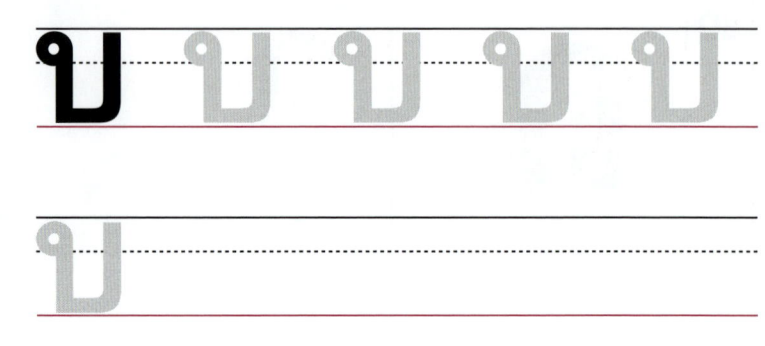

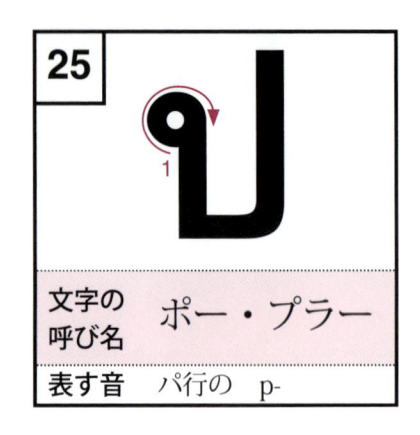

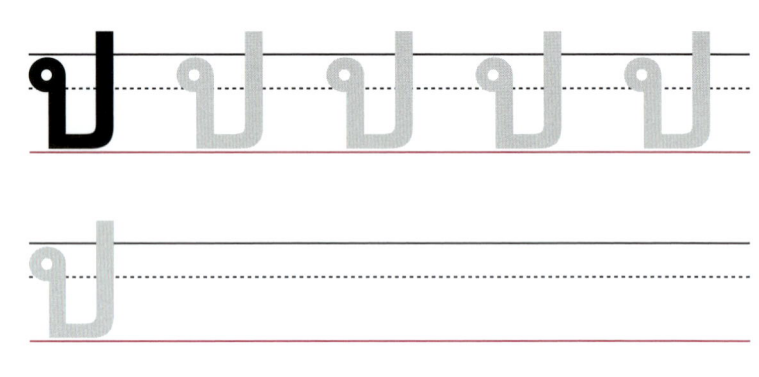

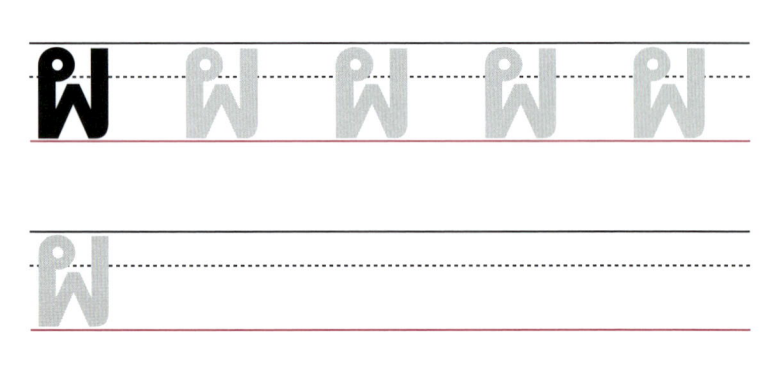

№	文字	文字の呼び名	表す音
24	บ	ボー・バイマーイ	パ行の b-
25	ป	ポー・プラー	パ行の p-
26	ผ	ポー・プゥン	パ行の ph-
27	ฝ	フォー・ファー	ファ行の f-

2．タイ語の文字と発音

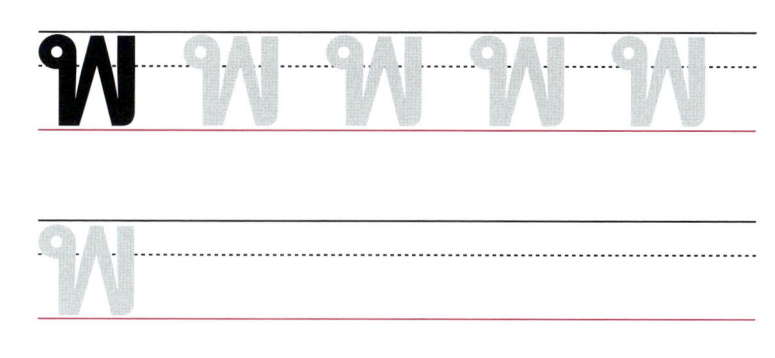

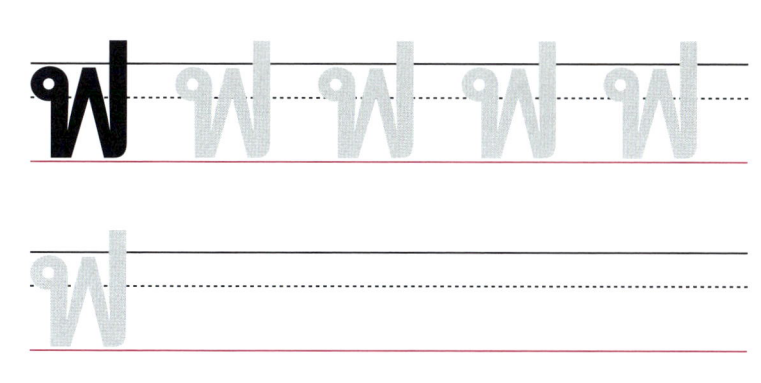

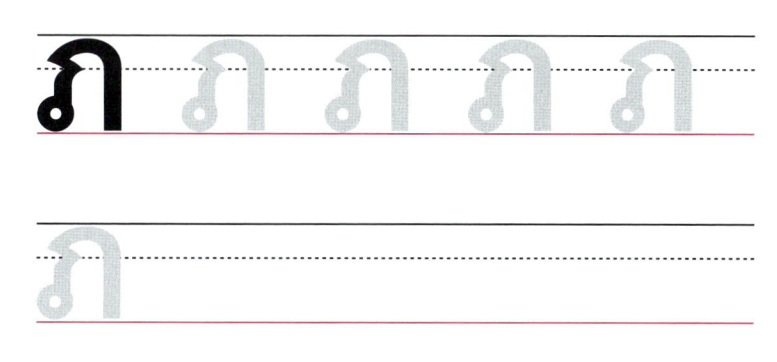

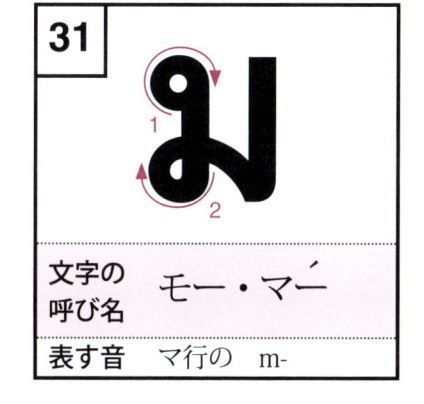

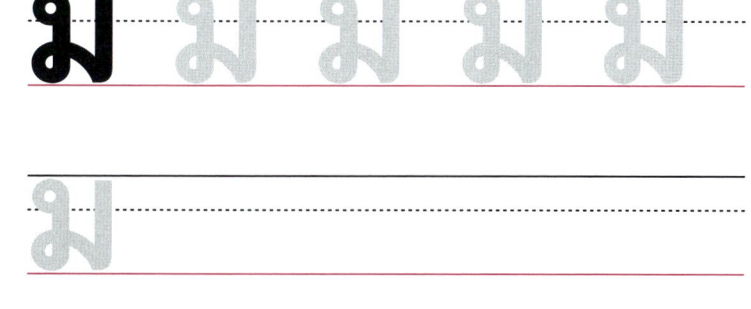

28 พ
- 文字の呼び名：ポー・パーン
- 表す音：パ行の ph-

29 ฟ
- 文字の呼び名：フォー・ファン
- 表す音：ファ行の f-

30 ภ
- 文字の呼び名：ポー・サムパオ
- 表す音：パ行の ph-

31 ม
- 文字の呼び名：モー・マー
- 表す音：マ行の m-

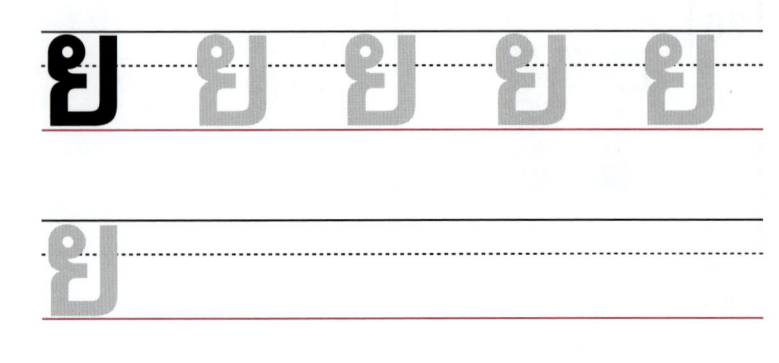

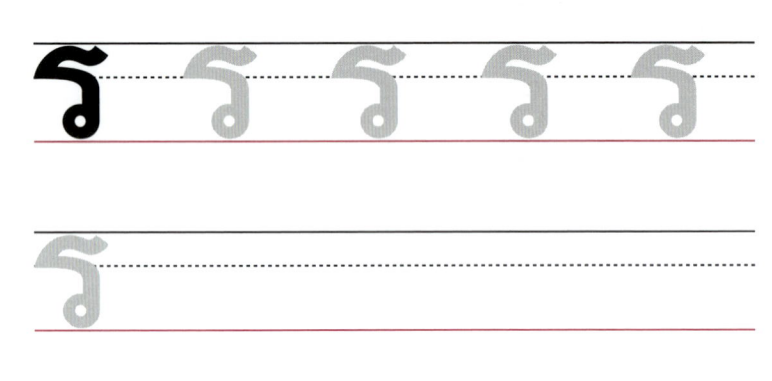

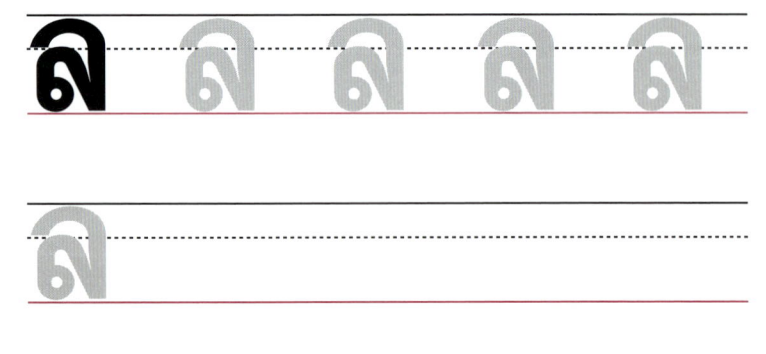

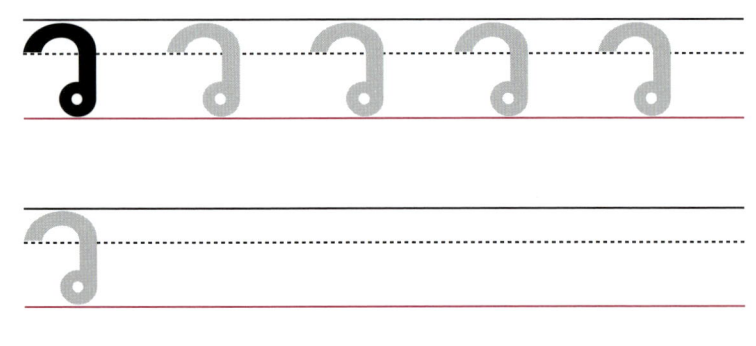

32	ย
文字の呼び名	ヨー・ヤック
表す音	ヤ行の y-

33	ร
文字の呼び名	ロー・ルゥア
表す音	ラ行の r-

34	ล
文字の呼び名	ロー・リン
表す音	ラ行の l-

35	ว
文字の呼び名	ウォー・ウェーン
表す音	ワ行の w-

2．タイ語の文字と発音

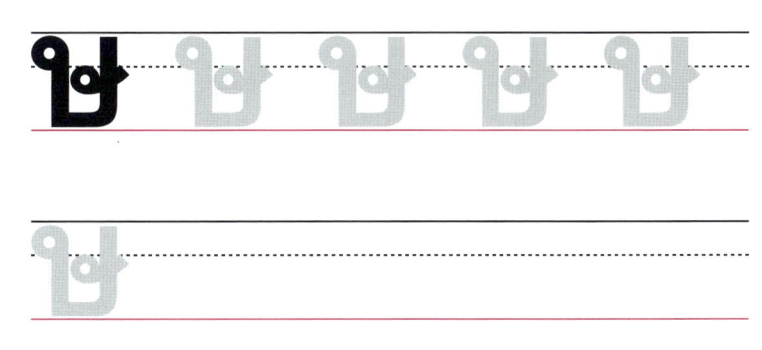

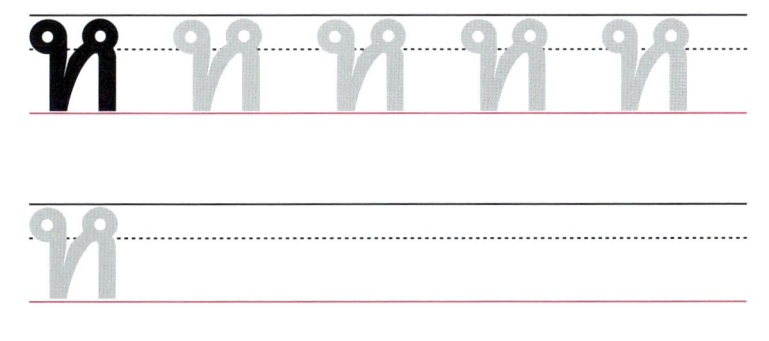

36 ศ
文字の呼び名　ソー・サーラー
表す音　サ行の　s-

37 ษ
文字の呼び名　ソー・ルーシィー
表す音　サ行の　s-

38 ส
文字の呼び名　ソー・スア
表す音　サ行の　s-

39 ห
文字の呼び名　ホー・ヒープ
表す音　ハ行の　h-

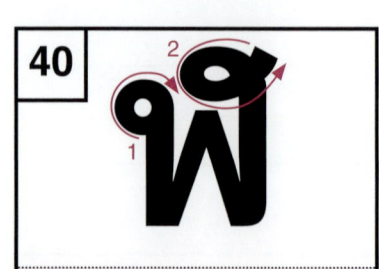

40	ฬ
文字の呼び名	ロー・チュラー
表す音	ラ行の l-

41	อ
文字の呼び名	オー・アーン

母音と組んで、その母音だけを発音します

42	ฮ
文字の呼び名	ホー・ノックフーク
表す音	ハ行 h-

形が似ている子音字

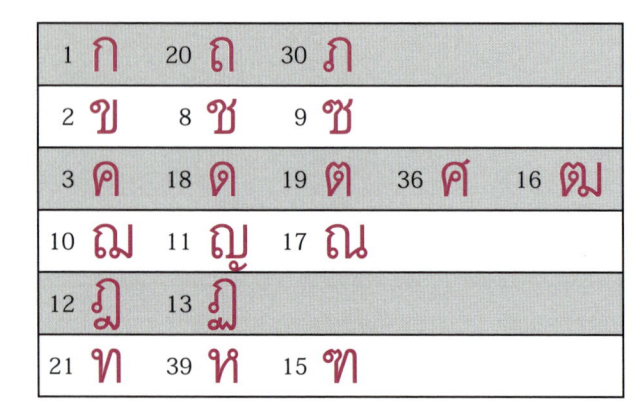

1 ก	20 ถ	30 ภ	
2 ข	8 ช	9 ซ	
3 ค	18 ด	19 ต	36 ศ	16 ฒ
10 ฌ	11 ญ	17 ณ	
12 ฎ	13 ฏ		
21 ท	39 ห	15 ฑ	

24 บ	25 ป	37 ษ
26 ผ	27 ฝ	
28 พ	29 ฟ	40 ฬ
31 ม	23 น	4 ฆ
33 ร	14 ฐ	
34 ล	38 ส	
41 อ	42 ฮ	

3 子音の発音

(1) 3つのグループ

子音字は発音の規則性によって、**中子音字・高子音字・低子音字**という3つのグループに分けられます。このグループ分けは声調を理解するうえでとても大切ですが、ここでは次ページの表を参照して、3つの分類があることを知っておいてください。(→「子音の3つのグループ」 p.66、→「声調の見分け方」p.75)

(2) 頭子音と末子音

音節の先頭にある子音を**頭子音**、音節の最後にある子音を**末子音**と言います。同じ子音字でも頭子音と末子音では発音が変わるものがあるので、注意してください。

[単語の中の頭子音と末子音]

　　　　　　　　　　頭子音　＋　母音　＋　末子音

チャーン（皿）
จาน　＝　จ　＋　า　＋　น
caan（チャーン）＝ c（チャ行）　aa（アー）　n（ン）

ネーン（修行僧）
เณร　＝　ณ　＋　เ　＋　ร
neen（ネーン）＝ n（ナ行）＋ ee（エー）＋ n（ン）
（頭子音ではrの音）

デート（日光）
แดด　＝　ด　＋　แ　＋　ด
dɛ̀ɛt（デート）＝ d（ダ行）＋ εε（エー）＋ t（ト）
（頭子音ではdの音）

グー（蛇）
งู　＝　ง　＋　ู　＋　なし
ŋuu（グー）＝ ŋ（ガ行）＋ uu（ウー）

[3つのグループ分けと頭子音・末子音の発音一覧表]

(中)は中子音字、(高)は高子音字、(低)は低子音字を表します。頭）は頭子音の発音、末）は末子音の発音です。

1 ก (中) 頭）カ行の k- 末）ック -k	2 ข (高) 頭）カ行の kh- 末）ック -k	3 ค (低) 頭）カ行の kh- 末）ック -k	4 ฆ (低) 頭）カ行の kh- 末）ック -k
5 ง (低) 頭）ガ行の ŋ- 末）ン -ŋ	6 จ (中) 頭）チャ行の c- 末）ット -t	7 ฉ (高) 頭）チャ行の ch- 末）ット -t	8 ช (低) 頭）チャ行の ch- 末）ット -t
9 ซ (低) 頭）サ行の s- 末）ット -t	10 ฌ (低) 頭）チャ行の ch- 末）ット -t	11 ญ (低) 頭）ヤ行の y- 末）ン -n	12 ฎ (中) 頭）ダ行の d- 末）ット -t
13 ฏ (中) 頭）タ行の t- 末）ット -t	14 ฐ (高) 頭）タ行の th- 末）ット -t	15 ฑ (低) 頭）タ行の th- 末）ット -t	16 ฒ (低) 頭）タ行の th- 末）ット -t
17 ณ (低) 頭）ナ行の n- 末）ン -n	18 ด (中) 頭）ダ行の d- 末）ット -t	19 ต (中) 頭）タ行の t- 末）ット -t	20 ถ (高) 頭）タ行の th- 末）ット -t
21 ท (低) 頭）タ行の th- 末）ット -t	22 ธ (低) 頭）タ行の th- 末）ット -t	23 น (低) 頭）ナ行の n- 末）ン -n	24 บ (中) 頭）バ行の b- 末）ップ -p
25 ป (中) 頭）パ行の p- 末）ップ -p	26 ผ (高) 頭）パ行の ph- 末）—	27 ฝ (高) 頭）ファ行の f- 末）—	28 พ (低) 頭）パ行の ph- 末）ップ -p
29 ฟ (低) 頭）ファ行の f- 末）ップ -p	30 ภ (低) 頭）パ行の ph- 末）ップ -p	31 ม (低) 頭）マ行の m- 末）ム -m	32 ย (低) 頭）ヤ行の y- 末）イ -y

33 ร 低	34 ล 低	35 ว 低	36 ศ 高
頭)ラ行の r- ／ 末)ン -n	頭)ラ行の l- ／ 末)ン -n	頭)ワ行の w- ／ 末)オ -w	頭)サ行の s- ／ 末)ット -t
37 ษ 高	38 ส 高	39 ห 高	40 ฬ 低
頭)サ行の s- ／ 末)ット -t	頭)サ行の s- ／ 末)ット -t	頭)ハ行の h- ／ 末)—	頭)ラ行の l- ／ 末)ン -n
41 อ 中	42 ฮ 低		
頭)— ／ 末)—	頭)ハ行の h- ／ 末)—		

注 子音字の発音のしかたについては、p.66の「子音の発音のしかた」を参照してください。

発音記号のabc順で見る子音字

頭子音		末子音
b	บ	p
c	จ	t
ch	ฉ ช ฌ	t
d	ฎ ด	t
f	ฝ / ฟ	—/p
ŋ	ง	ŋ
h	ห ฮ	—
k	ก	k
kh	ข ค ฆ	k
l	ล ฬ	n
m	ม	m

頭子音		末子音
n	ณ น	n
p	ป	p
ph	ผ / พ ภ	—/p
r	ร	n
s	ซ ศ ษ ส	t
t	ฏ ต	t
th	ฐ ท ฒ ถ ธ	t
w	ว	w
y	ญ / ย	n/y
—	อ	—

4 母音の符号と発音

日本語の母音は「ア」「イ」「ウ」「エ」「オ」の5つですが、タイ語にはもっとたくさんの母音があります。日本語にはない音もあるので、CDで確認しながら発音しましょう。p.71の「母音の発音のしかた」も参考にしてください。

母音には短く発音する「短母音」、伸ばして発音する「長母音」、母音が2つ重なる「二重母音」などがあり、母音は符号で表します。そして符号は子音字の左・右・上・下の決まった位置に組み合わせて用います。

[母音符号一覧表]

□は頭子音、■は末子音を表します。

	短母音 (子音字1つのとき / 子音字2つのとき)		長母音 (子音字1つのとき / 子音字2つのとき)	
1	□ะ　□■	ア a	10	□า　□า■	アー aa
2	□ิ　□ิ■	イ i	11	□ี　□ี■	イー ii
3	□ึ　□ึ■	ウ ɯ	12	□ือ　□ือ■	ウー ɯɯ
4	□ุ　□ุ■	ウ u	13	□ู　□ู■	ウー uu
5	เ□อะ　เ□■ ※1	ウ ə	14	เ□อ　เ□■ ※1	ウー əə
6	เ□ะ　เ□็■	エ e	15	เ□　เ□■	エー ee
7	แ□ะ　แ□็■	エ ɛ	16	แ□　แ□■	エー ɛɛ
8	โ□ะ　□■ ※2	オ o	17	โ□　โ□■	オー oo
9	เ□าะ　□็อ■	オ ɔ	18	□อ　□อ■	オー ɔɔ

2．タイ語の文字と発音

二重母音						
短母音		長母音				
^ ^		子音字1つのとき	子音字2つのとき			
19	เ◻ียะ　イアッ　ia	22	เ◻ีย	เ◻ีย■	イア	ia
20	เ◻ือะ　ウアッ　ɯa	23	เ◻ือ	เ◻ือ■	ウア	ɯa
21	◻ัวะ　ウアッ　ua	24	◻ัว	◻ว■	ウア	ua

その他の母音			
25	ไ◻　アイ　ay	27	เ◻า　アオ　aw
26	ใ◻　アイ　ay	28	◻ำ　アム　am

※1　この2つはどちらも同じเ◻^■ですが、単語によって短母音か長母音か決まっています。

※2　頭子音と末子音から成る音節で、母音符号はありませんが、2つの子音の間に「オ (o)」を入れて発音します。ただし、末子音字が ร のときは母音が「オー (ɔɔ)」になります。
　　（例）ทน　トン thon（我慢する）　　พร　ポーン phɔɔn（祝福）

㊟ 表中の ย と ว と อ は子音字として使われますが、このように母音符号としても使われます。
　　（例）วัว ウア wua（牛）　　　　เสือ スゥア sɯ̌a（虎）

27

5　母音符号の練習

○ 短母音

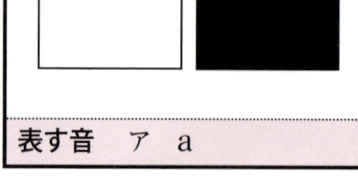

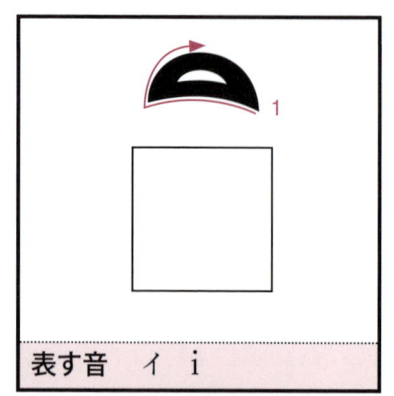

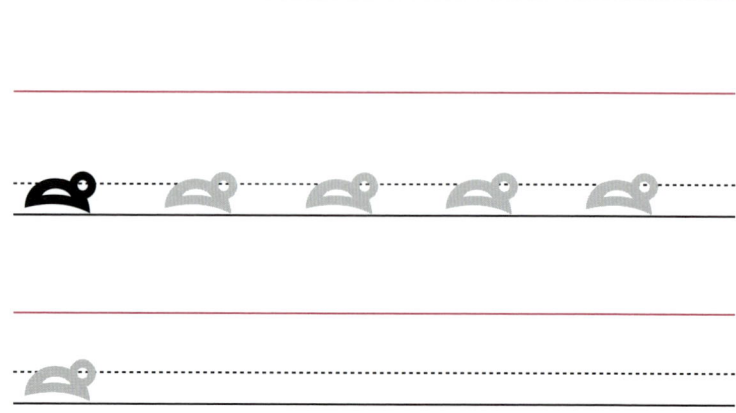

表す音　ア　a

表す音　ア　a

表す音　イ　i

表す音　ウ　ɯ

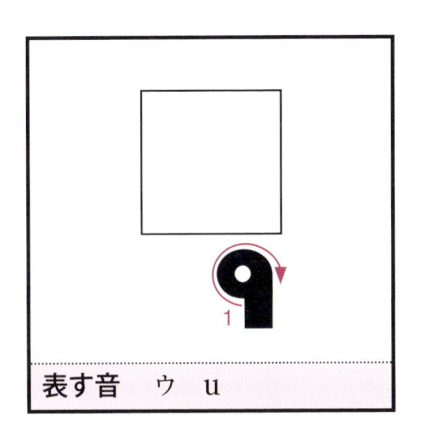

2．タイ語の文字と発音

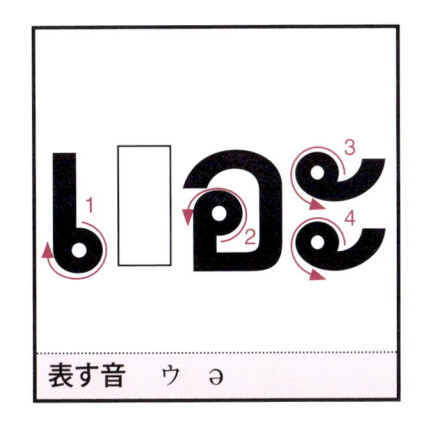

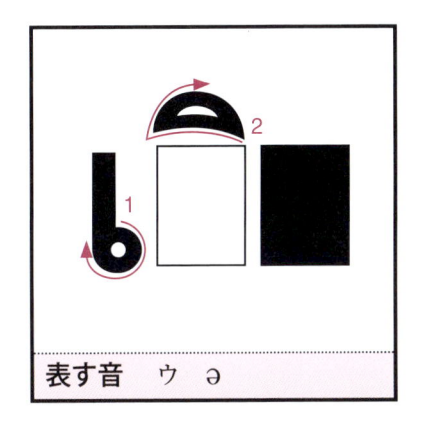

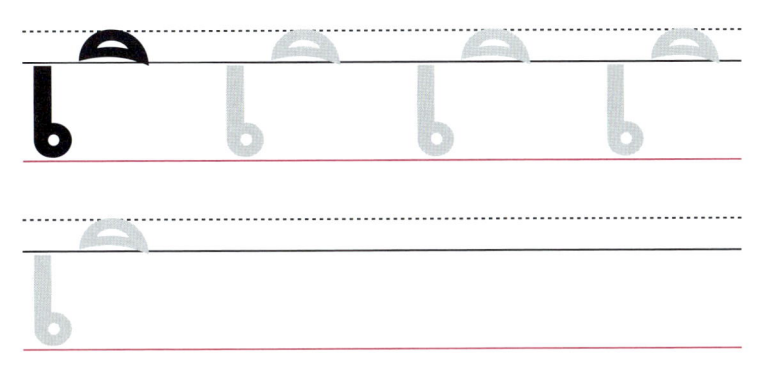

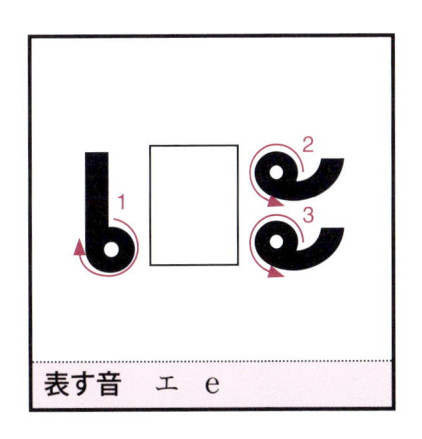

表す音　ウ　u

表す音　ウ　ə

表す音　ウ　ə

表す音　エ　e

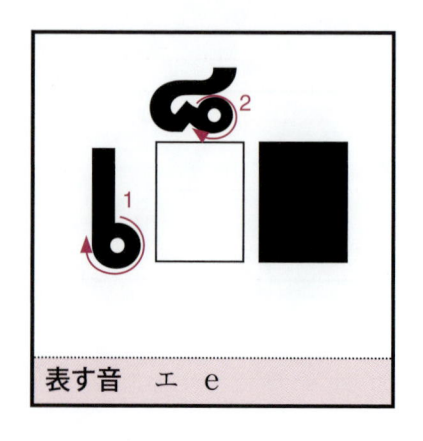

表す音　エ　e

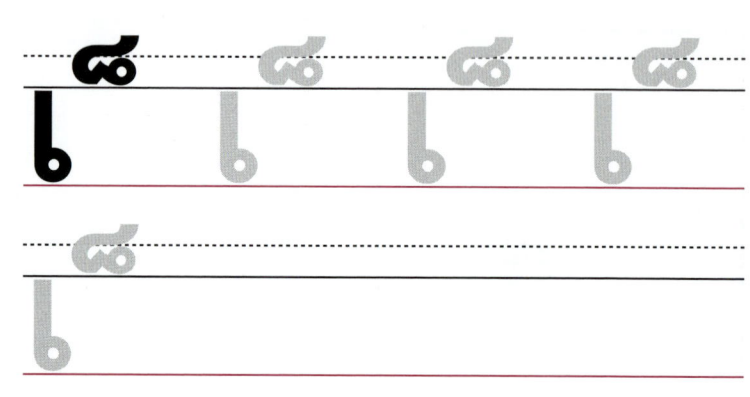

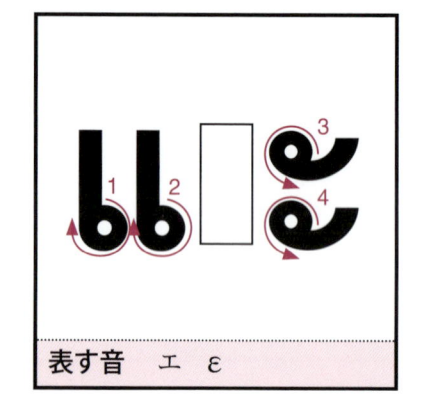

表す音　エ　ε

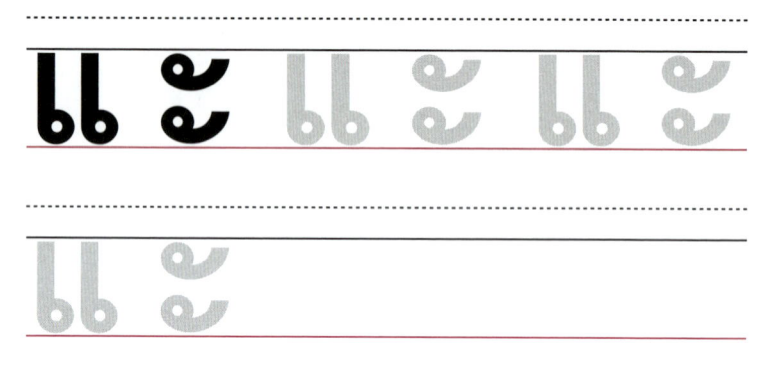

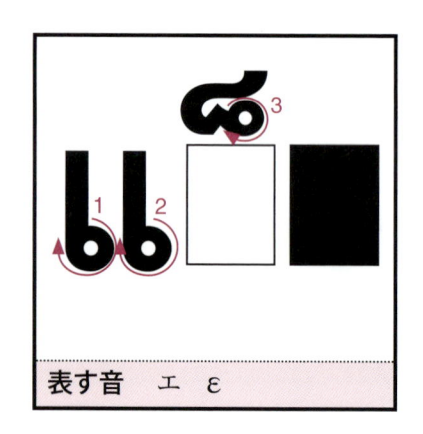

表す音　エ　ε

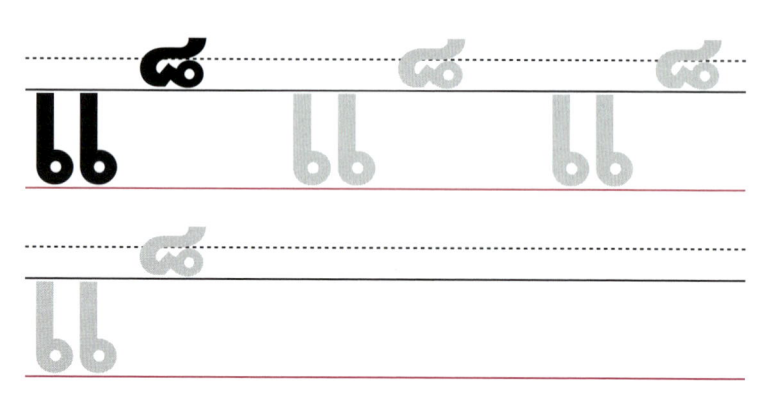

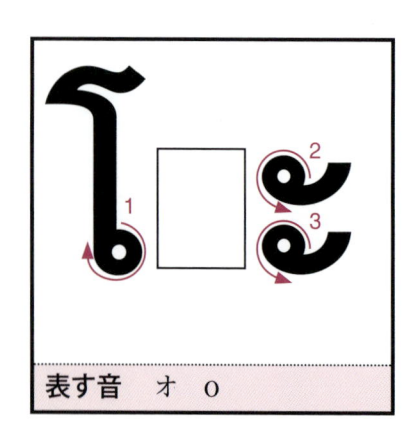

表す音　オ　o

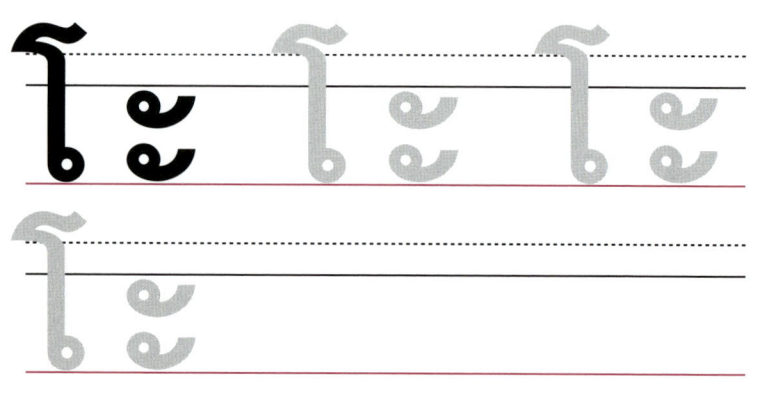

2．タイ語の文字と発音

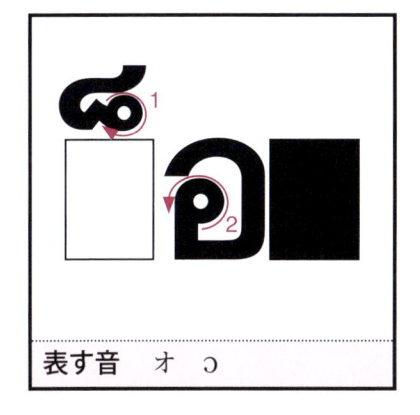

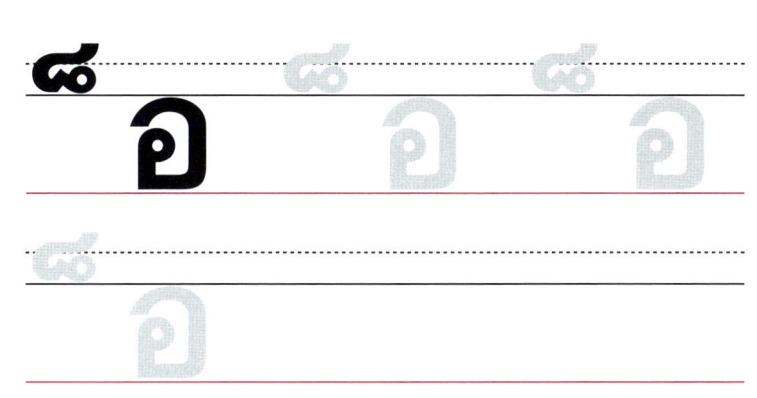

表す音　オ　ɔ

表す音　オ　ɔ

○ 長母音

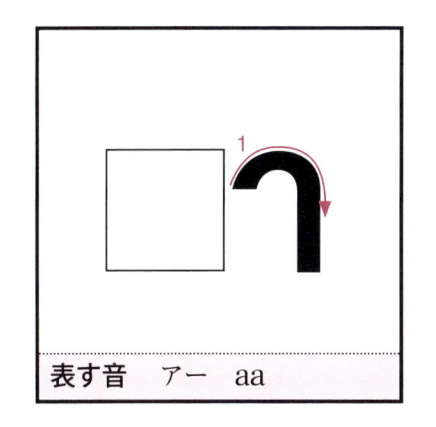

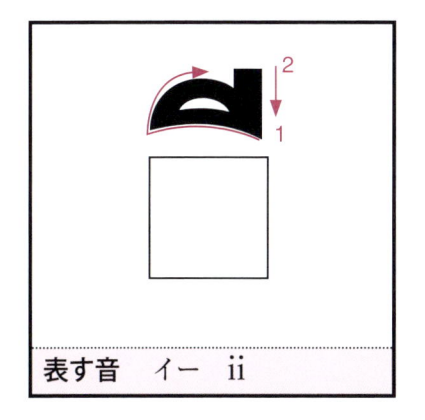

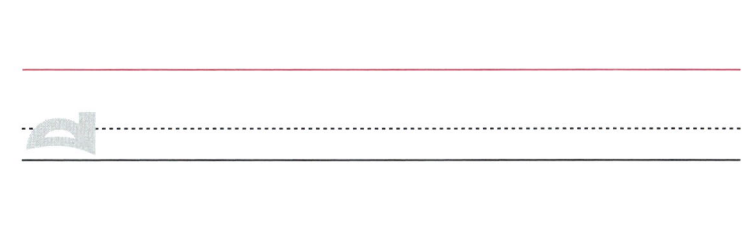

表す音　アー　aa

表す音　イー　ii

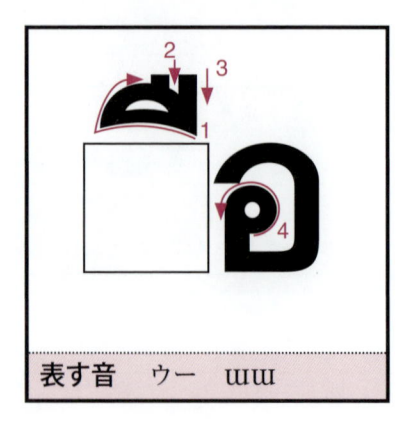

表す音　ウー　ɯɯ

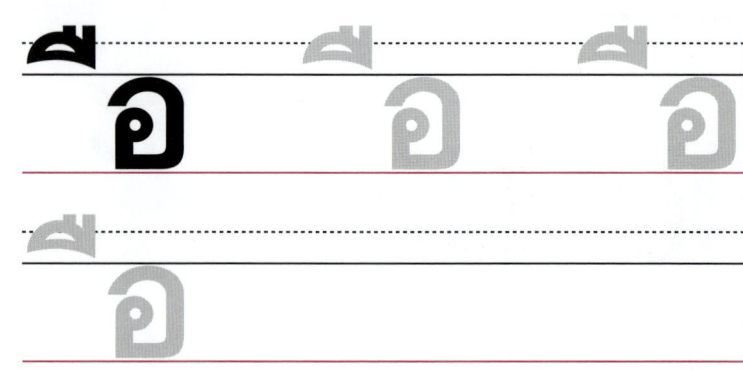

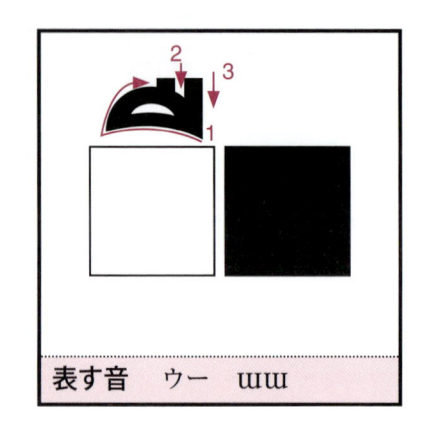

表す音　ウー　ɯɯ

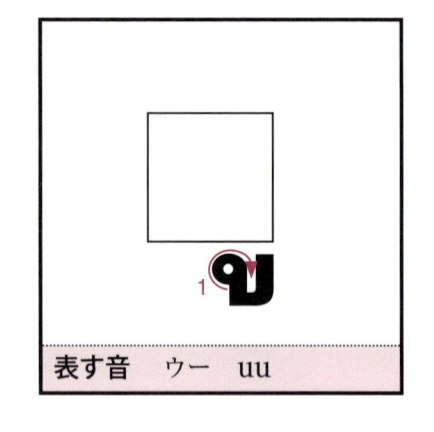

表す音　ウー　uu

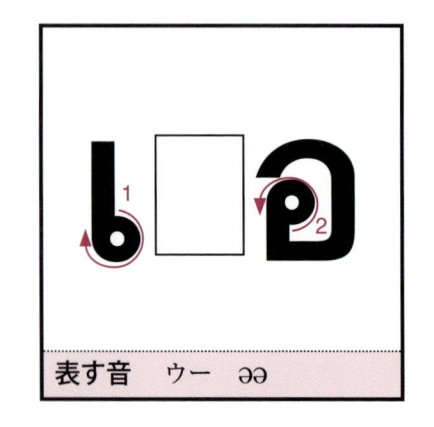

表す音　ウー　əə

32

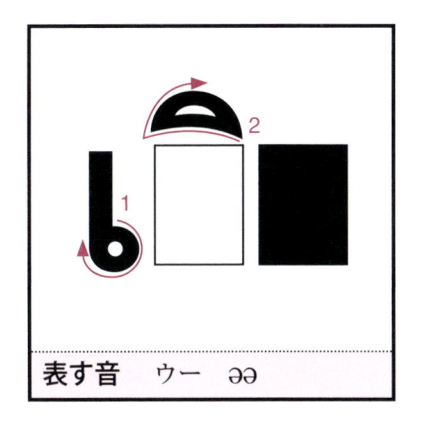

2．タイ語の文字と発音

表す音　ウー　əə

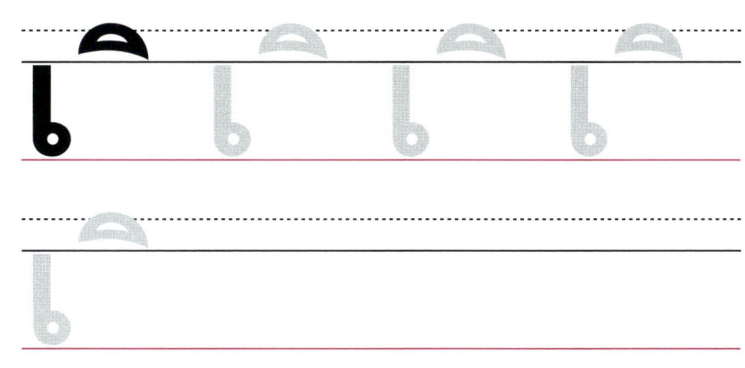

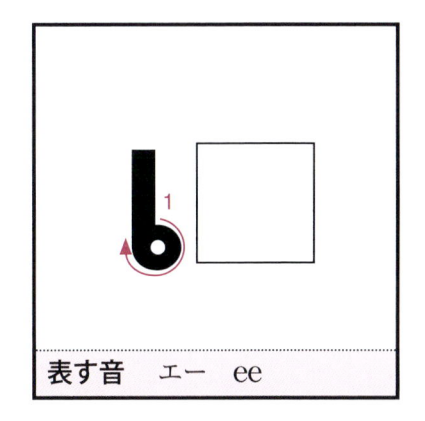

表す音　エー　ee

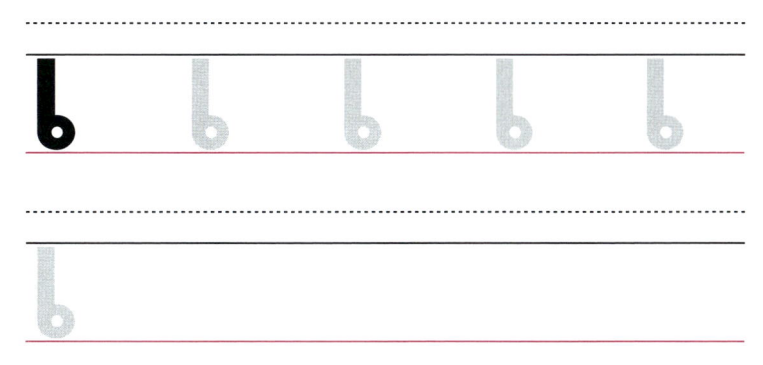

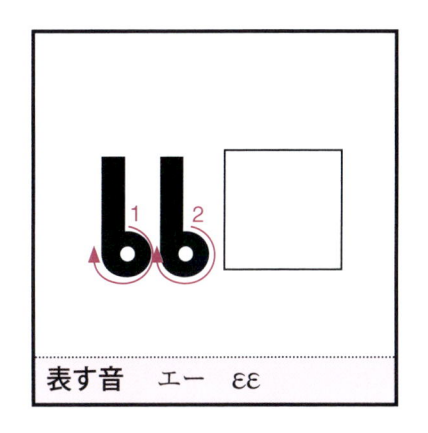

表す音　エー　εε

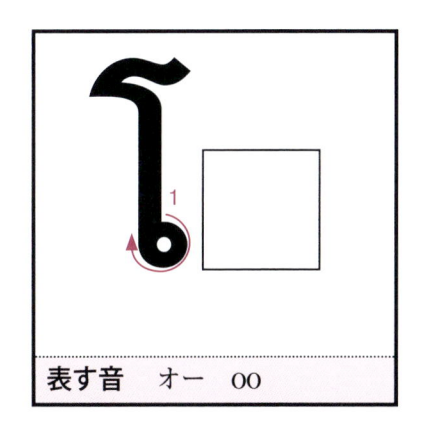

表す音　オー　oo

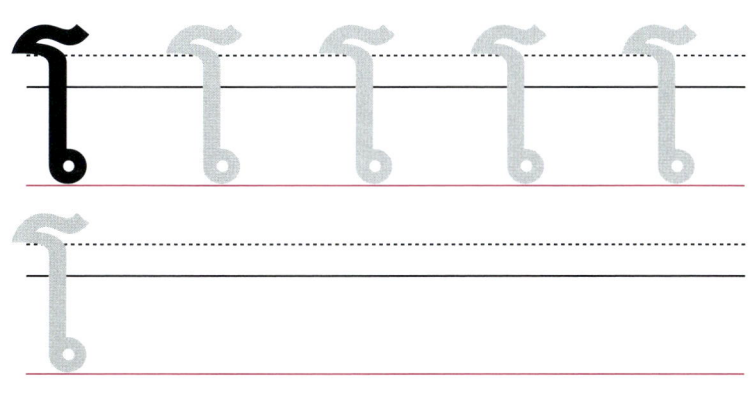

| 表す音 | オー ɔɔ |

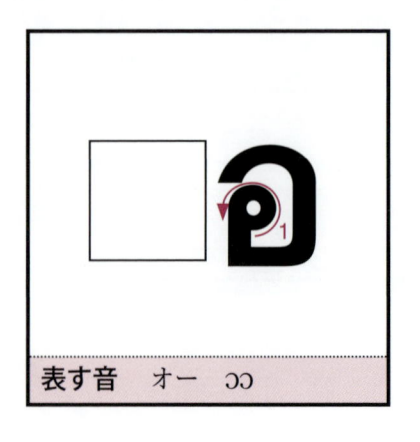

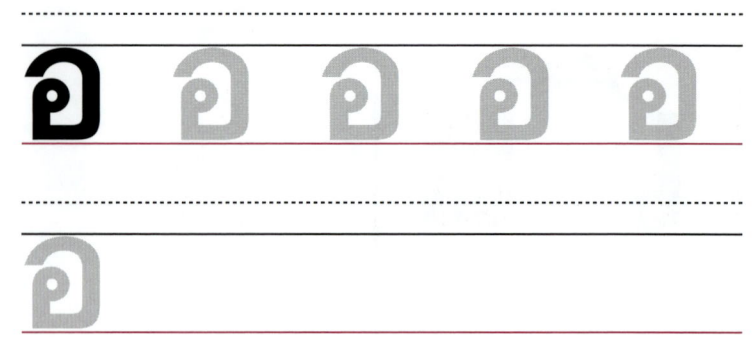

○ 二重母音（短母音）

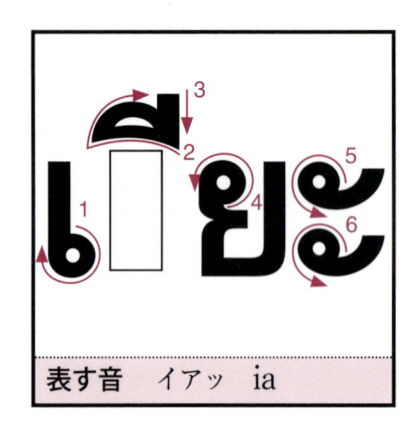

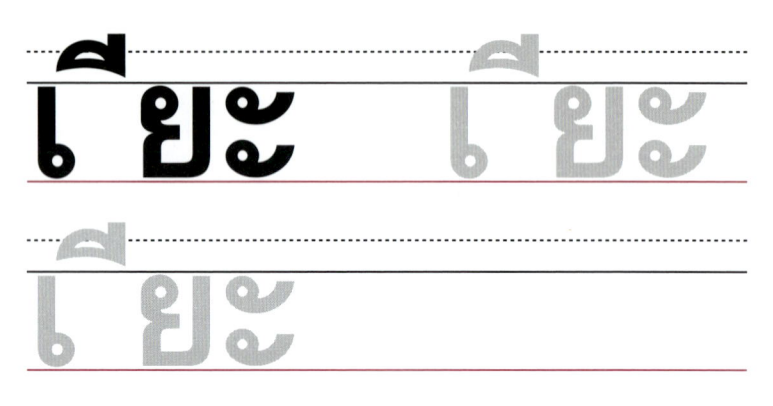

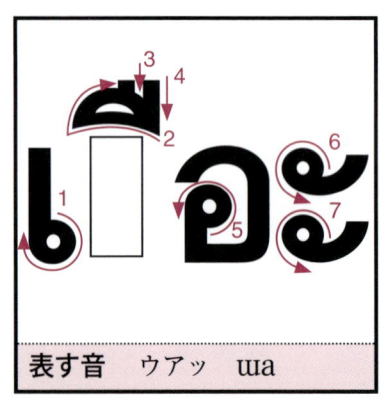

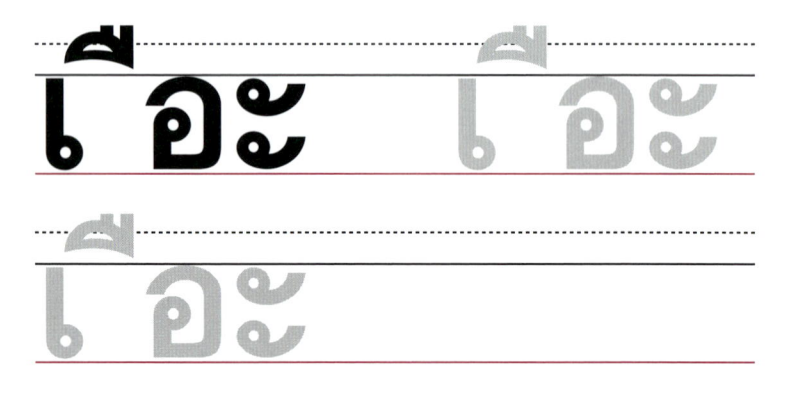

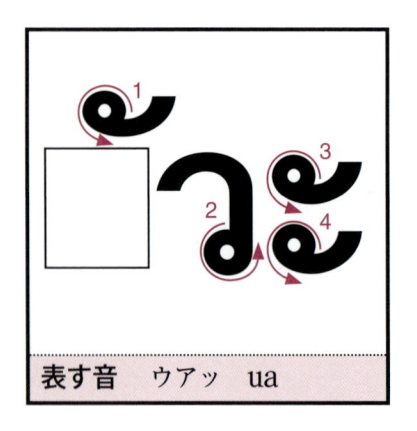

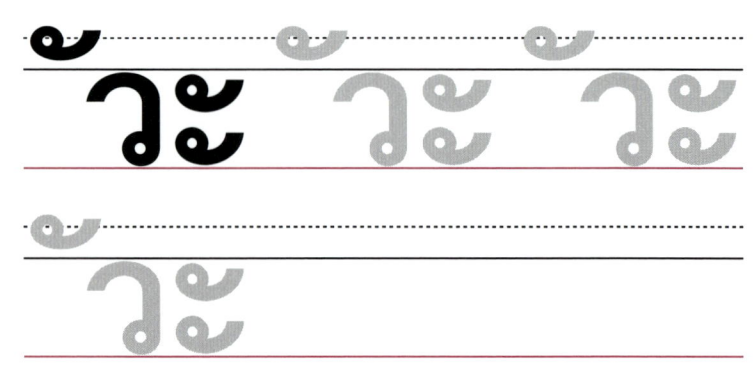

| 表す音 | イアッ ia |

| 表す音 | ウアッ ɯa |

| 表す音 | ウアッ ua |

○ 二重母音（長母音）

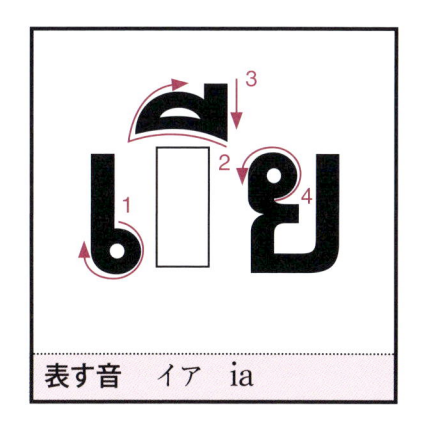

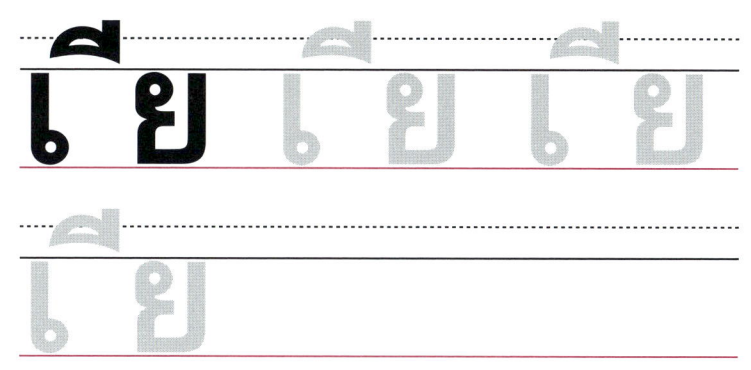

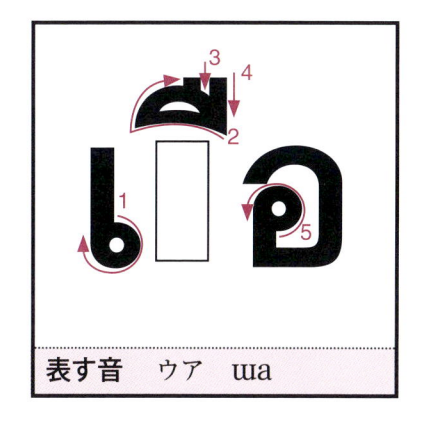

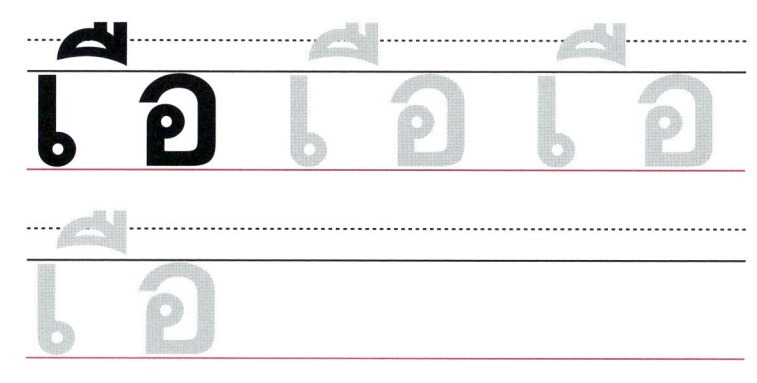

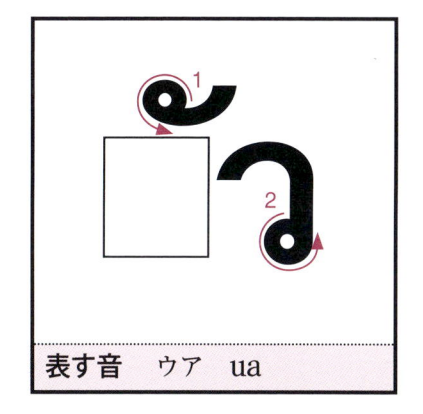

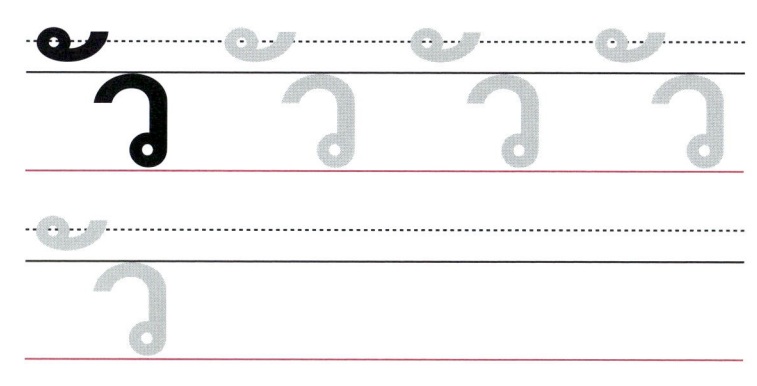

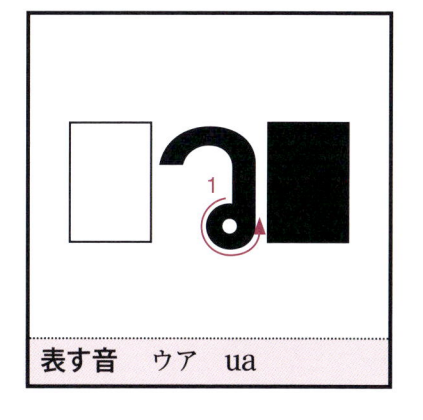

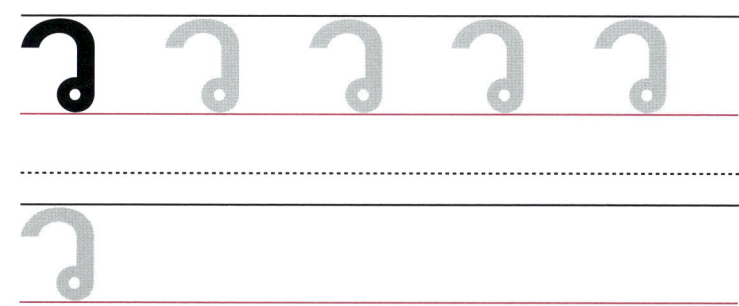

表す音　イア　ia

表す音　ウア　ɯa

表す音　ウア　ua

表す音　ウア　ua

○ その他の母音

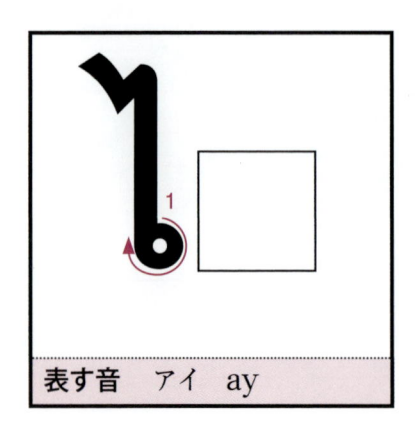

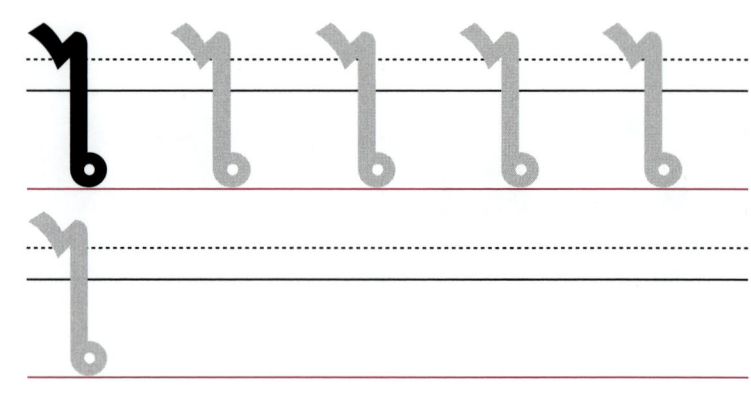

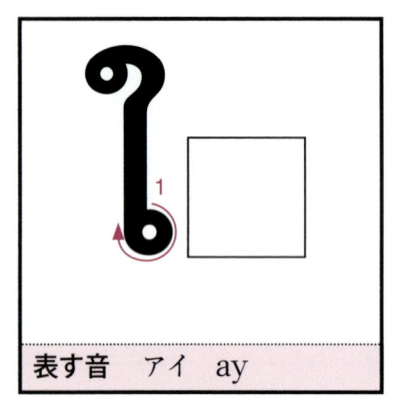

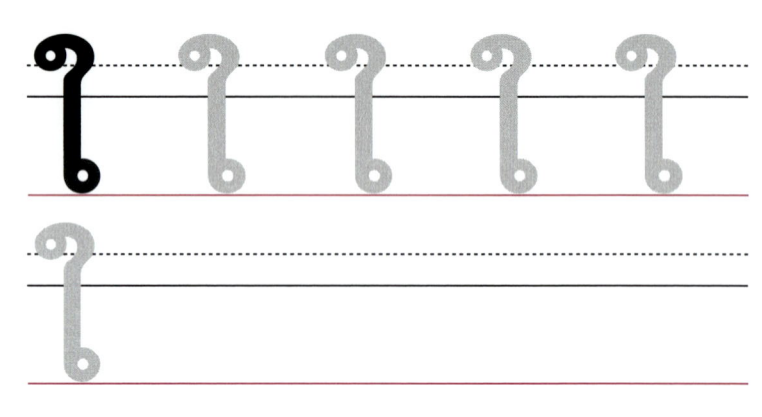

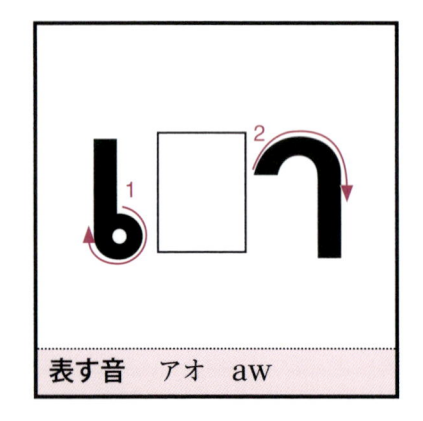

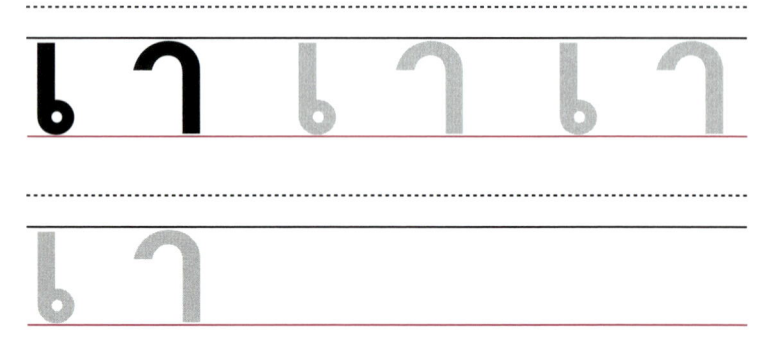

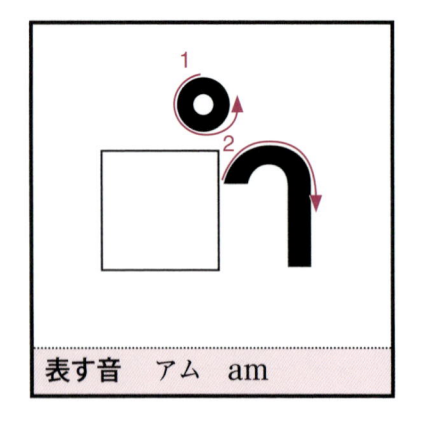

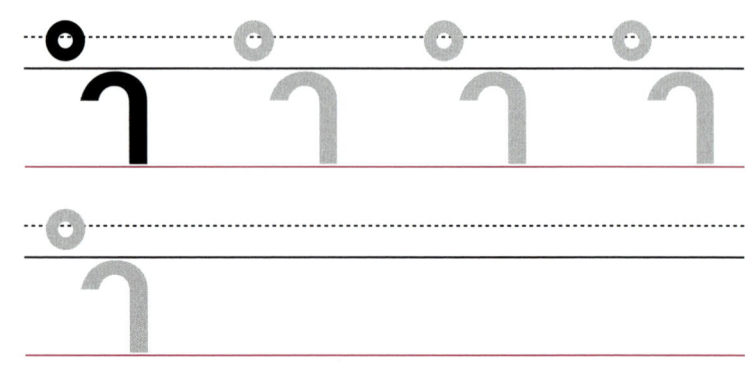

表す音　アイ　ay

表す音　アイ　ay

表す音　アオ　aw

表す音　アム　am

2. タイ語の文字と発音

6 母音符号と子音字の組み合わせ

□は頭子音、■は末子音を表します。

1	□ะ ア a ละ ラʹ lá (〜毎に)	□ั■ ア a นัก ナʹック nák (〜する人)	10	□า アー aa ยา ヤー yaa (薬)	□า■ アー aa ปาก パーク pàak (口)
2	□ิ イ i ติ テイ tì (非難する)	□ิ■ イ i ดิบ ディップ dìp (生の)	11	□ี イー ii สี スィー sǐi (色)	□ี■ イー ii มีด ミート mîit (包丁)
3	□ึ ウ ɯ อึ フ ɯ (ふん！)	□ึ■ ウ ɯ ฝึก フック fùk (練習する)	12	□ือ ウー ɯɯ มือ ムー mɯɯ (手)	□ื■ ウー ɯɯ มืด ムート mûɯt (暗い)
4	□ุ ウ u จุ チュ cù (多量の)	□ุ■ ウ u คุย クイ khuy (おしゃべりする)	13	□ู ウー uu ปู プー puu (かに)	□ู■ ウー uu พูด プート phûut (話す)
5	เ□อะ ウə เยอะ ユə yə́ (いっぱい)	เ□ิ■ ウə เงิน グン ŋən (お金)	14	เ□อ ウー əə เจอ チゥー cəə (会う)	เ□ิ■ ウー əə เกิด クート kə̀ət (生まれる)
6	เ□ะ エ e เอะ エʹ è (気がつく)	เ□็■ エ e เก็บ ケップ kèp (しまう)	15	เ□ エー ee เจ チェー cee (精進料理)	เ□■ エー ee เอก エーク èek (第一の)
7	แ□ะ エ ɛ แวะ ウェʹ wɛ́ (立ち寄る)	แ□็■ エ ɛ แข็ง ケン khɛ̌ŋ (固い)	16	แ□ エー ɛɛ แก่ ケー kɛ̀ɛ (年を取った)	แ□■ エー ɛɛ แรก レーク rɛ̂ɛk (最初)

↓   ↓

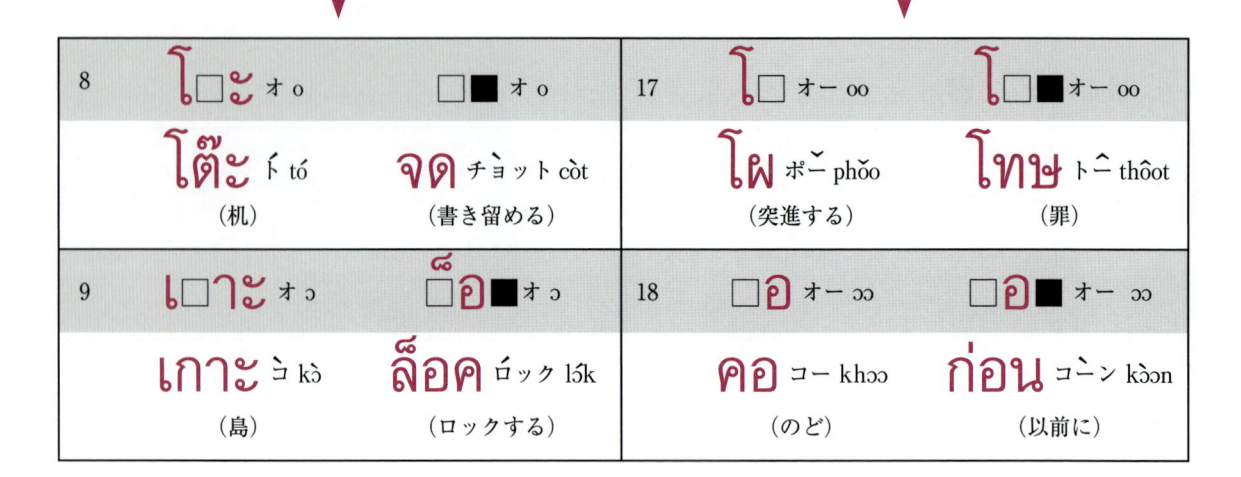

8	โ□ะ オo		□■ オo	17	โ□ オー oo	โ□■ オー oo
	โต๊ะ ト tó		จด チョット còt		โผ ポー phǒo	โทษ トー thôot
	(机)		(書き留める)		(突進する)	(罪)
9	เ□าะ オɔ		□อ■ オɔ	18	□อ オー ɔɔ	□อ■ オー ɔɔ
	เกาะ コ kɔ̀		ล็อค ロック lɔ́k		คอ コー khɔɔ	ก่อน コーン kɔ̀ɔn
	(島)		(ロックする)		(のど)	(以前に)
19	เ□ียะ イアッ ia			22	เ□ีย イア ia	เ□ีย■ イア ia
	เกี๊ยะ キアッ kía				เสีย スィア sǐa	เรียว リィアオ riaw
	(げた)				(失う)	(とがった)
20	เ□ือะ ウアッ ɯa			23	เ□ือ ウア ɯa	เ□ือ■ ウア ɯa
	※実用的な単語はほとんどなし				เพื่อ プゥア phɯ̂a	เดือด ドゥアット dɯ̀at
					(〜のために)	(沸騰する)
21	□ัวะ ウアッ ua			24	□ัว ウア ua	□ว■ ウア ua
	ผัวะ プアッ phùa				บัว ブア bua	ควง クアン khuaŋ
	(ポキッという音)				(蓮)	(ねじ)
25	ไ□ アイ ay			27	เ□า アオ aw	
	ไป パイ pay				เอา アオ aw	
	(行く)				(持っている)	
26	ใ□ アイ ay			28	□ำ アム am	
	ใจ チャイ cay				ดำ ダム dam	
	(心)				(黒い)	

7 コー・カイ表の単語練習

「コー・カイ表」に出てくる単語を書いて練習してみましょう。(数字は、p.11 の「コー・カイ表」の番号と対応しています。また、読み方が分からないときは、p.84 の「『コー・カイ表』で単語にチャレンジ」を見てください。)

1. ไก่　ไก่　ไก่　ไก่　ไก่　ไก่　ไก่　ไก่
   カイ（にわとり）
   kày

2. ไข่　ไข่　ไข่　ไข่　ไข่　ไข่　ไข่　ไข่
   カイ（卵）
   khày

3. ควาย　ควาย　ควาย　ควาย
   クワーイ（水牛）
   khwaay

4. ระฆัง　ระฆัง　ระฆัง　ระฆัง
   ラカン（鐘）
   rakhaŋ

5. **งู** งู งู งู งู งู งู งู งู งู งู
グー（蛇）
ŋuu

6. **จาน** จาน จาน จาน จาน
チャーン（皿）
caan

7. **ฉิ่ง** ฉิ่ง ฉิ่ง ฉิ่ง ฉิ่ง ฉิ่ง ฉิ่ง
チン（シンバル）
chìŋ

8. **ช้าง** ช้าง ช้าง ช้าง ช้าง
チャーン（象）
cháaŋ

9. **โซ่** โซ่ โซ่ โซ่ โซ่ โซ่ โซ่
ソー（鎖）
sôo

2．タイ語の文字と発音

10. **กะเฌอ** กะเฌอ กะเฌอ
カチュー（樹）
kachəə

11. **หญิง** หญิง หญิง หญิง หญิง
イン（女性）
yǐŋ

12. **ชฎา** ชฎา ชฎา ชฎา ชฎา
チャダー（冠）
chadaa

13. **ปฏัก** ปฏัก ปฏัก ปฏัก ปฏัก
パタック（やり）
patàk

14. **ฐาน** ฐาน ฐาน ฐาน ฐาน
ターン（台座）
thǎan

15. **นางมณโฑ** นางมณโฑ
ナーンモントー（モントー夫人）
naaŋmonthoo

16. **ผู้เฒ่า** ผู้เฒ่า ผู้เฒ่า ผู้เฒ่า
プーˆタ̂オ（老人）
phûuthâw

17. **เณร** เณร เณร เณร เณร
ネーン（修行僧）
neen

18. **เด็ก** เด็ก เด็ก เด็ก เด็ก
デック（子供）
dèk

19. **เต่า** เต่า เต่า เต่า เต่า เต่า
ต̀าオ（亀）
tàw

20. **ถุง** ถุง ถุง ถุง ถุง ถุง ถุง
トゥン（袋）
thǔŋ

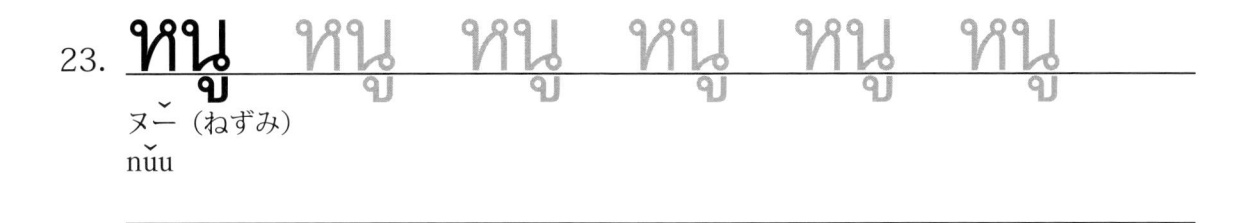

21. **ทหาร** ทหาร ทหาร ทหาร
タハーン（兵士）
thahǎan

22. **ธง** ธง ธง ธง ธง ธง ธง
トン（旗）
thoŋ

23. **หนู** หนู หนู หนู หนู หนู
ヌー（ねずみ）
nǔu

24. **ใบไม้** ใบไม้ ใบไม้ ใบไม้
バイマーイ（葉）
baymáay

25. **ปลา** ปลา ปลา ปลา ปลา
プラー（魚）
plaa

26. **ผึ้ง** ผึ้ง ผึ้ง ผึ้ง ผึ้ง ผึ้ง ผึ้ง
プゥン（みつばち）
phŵŋ

27. **ฝา** ฝา ฝา ฝา ฝา ฝา ฝา
ファー（ふた）
fǎa

28. **พาน** พาน พาน พาน พาน
パーン（高脚台）
phaan

29. **ฟัน** ฟัน ฟัน ฟัน ฟัน ฟัน
ファン（歯）
fan

2．タイ語の文字と発音

30. **สำเภา** สำเภา สำเภา สำเภา
サムパオ（ジャンク船）
sǎmphaw

31. **ม้า** ม้า ม้า ม้า ม้า ม้า ม้า
マー（馬）
máa

32. **ยักษ์** ยักษ์ ยักษ์ ยักษ์ ยักษ์
ヤック（鬼）
yák

33. **เรือ** เรือ เรือ เรือ เรือ เรือ
ルゥア（船）
rɯa

34. **ลิง** ลิง ลิง ลิง ลิง ลิง
リン（猿）
liŋ

35. **แหวน** แหวน แหวน แหวน
ウェーン（指輪）
wɛ̌ɛn

36. **ศาลา** ศาลา ศาลา ศาลา
サーラー（あずまや）
sǎalaa

37. **ฤๅษี** ฤๅษี ฤๅษี ฤๅษี ฤๅษี
ルゥースィー（行者）
rɯɯsǐi

38. **เสือ** เสือ เสือ เสือ เสือ
スゥア（虎）
sɯ̌a

39. **หีบ** หีบ หีบ หีบ หีบ
ヒープ（箱）
hìip

40. **จุฬา** จุฬา จุฬา จุฬา จุฬา
チュラー（星形の凧）
culaa

41. **อ่าง** อ่าง อ่าง อ่าง อ่าง
アーン（たらい）
àaŋ

42. **นกฮูก** นกฮูก นกฮูก นกฮูก
ノックフーク（ふくろう）
nókhûuk

3. タイ語の数字

　タイでは、アラビア数字とともにタイ数字も使われます。日常的にはアラビア数字が多いのですが、公文書ではタイ数字を用います。

CD 4

0	๐	ศูนย์ スーン
1	๑	หนึ่ง ヌン
2	๒	สอง ソーン
3	๓	สาม サーム
4	๔	สี่ スィー
5	๕	ห้า ハー
6	๖	หก ホック
7	๗	เจ็ด チェット
8	๘	แปด ペート
9	๙	เก้า カーオ
10	๑๐	สิบ スィップ

2けた以上の数字の1の位の1だけ **เอ็ด** [èt（エット）] になります。

11	๑๑	สิบเอ็ด	シップエット	20	๒๐	ยี่สิบ	イースィップ
12	๑๒	สิบสอง	シップソーン	21	๒๑	ยี่สิบเอ็ด	イースィップエット
13	๑๓	สิบสาม	シップサーム	30	๓๐	สามสิบ	サームスィップ
14	๑๔	สิบสี่	シップスィー	40	๔๐	สี่สิบ	スィースィップ
15	๑๕	สิบห้า	シップハー	50	๕๐	ห้าสิบ	ハースィップ
16	๑๖	สิบหก	シップホック	100	๑๐๐	หนึ่งร้อย	ヌンローイ
17	๑๗	สิบเจ็ด	シップチェット				
18	๑๘	สิบแปด	シップペート				
19	๑๙	สิบเก้า	シップカーオ				

数字は何けたあっても、0〜9の数をアラビア数字のように並べて記すことができますが、以下のような位の単位を入れて表記をすることが多いです。

1,000	หนึ่งพัน	ヌンパン	10万	หนึ่งแสน	ヌンセーン
2,000	สองพัน	ソーンパン	100万	หนึ่งล้าน	ヌンラーン
10,000	หนึ่งหมื่น	ヌンムゥーン	1000万	สิบล้าน	シップラーン
			1億	ร้อยล้าน	ローイラーン

実際の数字では、次のようになります。

20,011 ๒๐๐๑๑　　　สอง　หมื่น　สิบเอ็ด
　　　　　　　　　　　ソーン　ムゥーン　スィップエット
　(๒ หมื่น ๑๑)　　　 2　　　万　　　11

1984 ๑๙๘๔　　　หนึ่ง พัน เก้า ร้อย แปด สิบ สี่
　　　　　　　　　　ヌン　パン　カーオ　ローイ　ペート　スィップ　スィー
　(๑ พัน ๙ ร้อย ๘ สิบ ๔)　1　千　9　百　8　十　4

4. タイ文字で書く日本語５０音

[タイ文字で書いた日本語の５０音表]

　日本語の50音とタイ語の音は、必ずしも同じ音で対応してはいません。
　下の表はできるだけ近い音をタイ文字で表しました。同じ音でも、母音を長く伸ばしたり、他の子音字を当てたりする場合もあります。

あ	อะ	い	อิ	う	อุ	え	เอะ	お	โอะ
か	คะ	き	คิ	く	คุ	け	เคะ	こ	โคะ
さ	ซะ	し	ซิ	す	ซุ	せ	เซะ	そ	โซะ
た	ทะ	ち	ชิ	つ	จุ	て	เทะ	と	โทะ
な	นะ	に	นิ	ぬ	นุ	ね	เนะ	の	โนะ
は	ฮะ	ひ	ฮิ	ふ	ฮุ	へ	เฮะ	ほ	โฮะ
ま	มะ	み	มิ	む	มุ	め	เมะ	も	โมะ
や	ยะ			ゆ	ยุ			よ	โยะ
ら	ระ	り	ริ	る	รุ	れ	เระ	ろ	โระ
わ	วะ			を	โวะ/โอะ			ん	...ง/...น

が	งะ	ぎ	งิ	ぐ	งุ	げ	เงะ	ご	โงะ
ざ	ซะ	じ	ซิ	ず	ซุ	ぜ	เซะ	ぞ	โซะ
だ	ดะ					で	เดะ	ど	โดะ
ば	บะ	び	บิ	ぶ	บุ	べ	เบะ	ぼ	โบะ
ぱ	ปะ	ぴ	ปิ	ぷ	ปุ	ぺ	เปะ	ぽ	โปะ

4．タイ文字で書く日本語５０音

きゃ	เคียะ	きゅ	คิว	きょ	เคียว
しゃ	เซียะ	しゅ	ซุ/ซิว	しょ	เซียว
じゃ	เยียะ	じゅ	ยุ/ยิว	じょ	เยียว
ちゃ	เจียะ	ちゅ	จุ/จิว	ちょ	เจียว
にゃ	เนียะ	にゅ	นุ/นิว	にょ	เนียว

びゃ	เบียะ	びゅ	บิว	びょ	เบียว
ぴゃ	เปียะ	ぴゅ	ปิว	ぴょ	เปียว
みゃ	เมียะ	みゅ	มิว	みょ	เมียว
りゃ	เรียะ	りゅ	ริว	りょ	เรียว

○ **タイ文字で名前を書いてみよう。**

え　が　わ　え　い　じ
เอะ งะ วะ เอะ อิ ชิ

す　ず　き　え　り　な
ซี ซุ คิ เอะ ริ นะ

自分の名前

_____

5. 月と曜日など

CD 5

○ 月

เดือน（ドゥアン）は月を表します。「1か月」と言う場合は、1เดือน（ヌンドゥアン）、「何月」と尋ねる場合は เดือนอะไร（ドゥアンアライ）、「何か月」と尋ねる場合は กี่เดือน（キードゥアン）と言います。

1月	เดือนมกราคม	ドゥアンマカラーコム
2月	เดือนกุมภาพันธ์	ドゥアンクムパーパン
3月	เดือนมีนาคม	ドゥアンミーナーコム
4月	เดือนเมษายน	ドゥアンメーサーヨン
5月	เดือนพฤษภาคม	ドゥアンプルサパーコム
6月	เดือนมิถุนายน	ドゥアンミトゥナーヨン
7月	เดือนกรกฎาคม	ドゥアンカラカダーコム
8月	เดือนสิงหาคม	ドゥアンスィンハーコム
9月	เดือนกันยายน	ドゥアンカンヤーヨン
10月	เดือนตุลาคม	ドゥアントゥラーコム
11月	เดือนพฤศจิกายน	ドゥアンプルサチカーヨン
12月	เดือนธันวาคม	ドゥアンタンワーコム

○ 曜日

日曜日	วันอาทิตย์	ワンアーティット
月曜日	วันจันทร์	ワンチャン
火曜日	วันอังคาร	ワンアンカーン

水曜日	วันพุธ	ワンプット
木曜日	วันพฤหัส	ワンプルゥハット
金曜日	วันศุกร์	ワンスック
土曜日	วันเสาร์	ワンサオ

○ 季節

夏	หน้าร้อน	ナーローン
冬	หน้าหนาว	ナーナーオ
雨季	หน้าฝน	ナーフォン
春	ฤดูใบไม้ผลิ	ルゥドゥーバイマーイプリ
秋	ฤดูใบไม้ร่วง	ルゥドゥーバイマーイルゥアン
季節	ฤดู	ルゥドゥー

○ 1日の時間帯

未明	เช้ามืด	チャーオムート
朝（早く）	เช้า	チャーオ
午前中	ตอนเช้า	トーンチャーオ
正午	เที่ยงวัน	ティアンワン
午後	ตอนบ่าย	トーンバーイ
夕方	ตอนเย็น	トーンイェン
夜	กลางคืน	クラーンクーン
深夜	ดึก	ドゥック

6. あいさつ

カタカナ発音は、実際の発音に近い音で表してあります。
タイ語では分かち書きをしませんが、分かりやすくするために区切ってあります。

CD 6

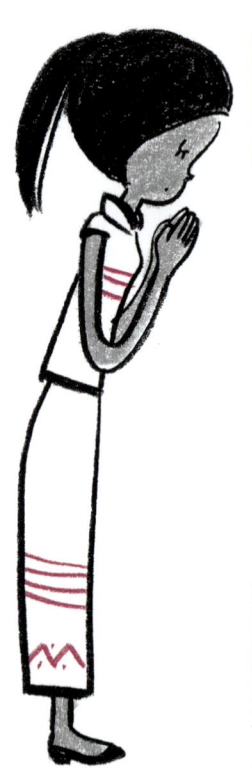

こんにちは。
สวัสดี ค่ะ
サワッディー　カァ

こんにちは。
สวัสดี ครับ
サワッディー　クラップ

お元気ですか？
สบาย ดี หรือ คะ
サバーイ　ディー　ルー　カァ

元気です。
สบาย ดี ครับ
サバーイ　ディー　クラップ

あなたは（いかがですか）？
คุณ ล่ะ ครับ
クン　ラッ　クラップ

私も元気です。
ดิฉัน ก็ สบาย ดี ค่ะ
ディチャン　コー　サバーイ　ディー　カァ

さようなら。
สวัสดี ค่ะ
サワッディー　カァ

さようなら。
สวัสดี ครับ
サワッディー　クラップ

6. あいさつ

書き取りコーナー

こんにちは。 สวัสดี ครับ/ค่ะ

　文末が2通りありますが、男性は**ครับ**（クラップ）を、女性は**ค่ะ**（カテ）を使います。
　タイでは、「おはようございます」「こんばんは」というあいさつも同じ表現で、一日中どの時間帯でも使える便利な言葉です。

お元気ですか？ สบาย ดี หรือ ครับ/คะ

　女性が使う文末の**ค่ะ**（カテ）は、疑問文や**นะ**（チッ）を伴う表現では**คะ**（カテ）という形になります。男性の使う**ครับ**は変わりません。

元気です。 สบาย ดี ครับ/ค่ะ

あなたは（いかがですか）？ คุณ ล่ะ ครับ/คะ

　相手が尋ねてくれたあと、「あなたはどうですか？」と尋ね返すときに言います。

私も元気です。 ผม ก็ สบาย ดี ครับ （男性）

ดิฉัน ก็ สบาย ดี ค่ะ （女性）

さようなら。 สวัสดี ครับ/ค่ะ

　別れるときのあいさつとしても使います。

　タイではあいさつをするときにワイ（ไหว้ ワイ [wâi] ＝合掌）をするのはよく知られています。ワイは目下の人から先にします。年長者や学校の先生などに丁寧なあいさつをするときには、あいさつの言葉とともに、頭を下げて合掌をします。女性がひざを少し曲げるのは、丁寧なあいさつの形です。

その他のあいさつ

はじめまして。
ยินดีที่ได้รู้จักคุณ ครับ/ค่ะ
ジン ディー ティー ダーイ ルー チャック クン クラップ／カー

はじめまして。(「はじめまして」と相手に言われたときに返すあいさつ)
เช่นเดียวกัน ครับ/ค่ะ
チェン ディアオ カン クラップ／カー

ありがとうございます。
ขอบคุณ ครับ/ค่ะ
コープクン クラップ／カー

すみません。
ขอโทษ ครับ/ค่ะ
コートー クラップ／カー

どういたしまして。
ไม่เป็นไร ครับ/ค่ะ
マイペンライ クラップ／カー

どうぞ。
เชิญ ครับ/ค่ะ
チューン クラップ／カー

どちらへ(行きますか)？
จะไปไหน ครับ/คะ
チャ パイ ナイ クラップ／カー

食事をしましたか？
ทานข้าวแล้วหรือยัง ครับ/คะ
ターン カーオ レーオ ルー ヤン クラップ／カー

また会いましょう。
พบกันใหม่นะ ครับ/คะ
ポップ カン マイ ナッ クラップ／カー

お元気で。
โชคดีนะ ครับ/คะ
チョーク ディー ナッ クラップ／カー

6. あいさつ

書き取りコーナー

はじめまして。 ยินดีที่ได้รู้จักคุณ ครับ/ค่ะ

「あなたを知ることができてうれしいです」という意味です。

はじめまして。 เช่นเดียวกัน ครับ/ค่ะ

「同様です」の意味です。

ありがとうございます。 ขอบคุณ ครับ/ค่ะ

すみません。 ขอโทษ ครับ/ค่ะ

「ごめんなさい」の意味でも使われます。「すみませんが…」と、ものを頼む呼びかけのときもこの言い方をします。

どういたしまして。 ไม่เป็นไร ครับ/ค่ะ

「気にしないで」や「だいじょうぶ」などの意味も持つ便利な言葉で、とてもよく使われます。タイ人の気質を表す言葉だと言われています。

どうぞ。 เชิญ ครับ/ค่ะ

どちらへ(行きますか)？ จะไปไหน ครับ/คะ

「どこへ行くの？」は、あいさつの言葉としてよく使います。

食事をしましたか？ ทานข้าวแล้วหรือยัง ครับ/คะ

「ごはん食べた？」というのは、タイ人があいさつによく使う言葉です。

また会いましょう。 พบกันใหม่นะ ครับ/คะ

นะ(ナッ)は呼びかけや同意、柔らかい表現をするときに使われます。

お元気で。 โชคดีนะ ครับ/คะ

別れのあいさつとしてよく使います。「ご幸運がありますように」のような意味です。

7. 自己紹介

カタカナ発音は、実際の発音に近い音で表してあります。
タイ語では分かち書きをしませんが、分かりやすくするために区切ってあります。

「私は〜」という主語を言う場合、男性は「**ผม**（ポ́ム）」、女性は「**ดิฉัน**（ディチャ́ン）」で始めます。

CD 7

あなたのお名前は何と言いますか？
คุณ ชื่อ อะไร คะ
クン　チュ̂ー　アライ　カ́ア

私は江川と申します。
ผม ชื่อ เอะงะวะ ครับ
ポ́ム　チュ̂ー　エガワ　クラ́ップ

私は日本人です。
ผม เป็น คน ญี่ปุ่น ครับ
ポ́ム　ペン　コン　ジ̂ープ̀ン　クラ́ップ

私は東京から来ました。
ผม มา จาก โตเกียว ครับ
ポ́ム　マー　チャ̀ーク　トーキョウ　クラ́ップ

58

7. 自己紹介

書き取りコーナー

あなたのお名前は何と言いますか？ คุณ ชื่อ อะไร ครับ/คะ

คุณ ชื่อ（クン チュー）は「あなたの名前」、**อะไร**（アライ）は「何」という意味の疑問詞です。文末の丁寧語には、男性は**ครับ**（クラップ）を、女性は**ค่ะ**（カァ）を使います。女性が使う文末の**ค่ะ**（カァ）は、疑問文や**นะ**（ナッ）を伴う表現では**คะ**（カァ）という形になります。男性の使う**ครับ**は変わりません。

私は江川と申します。 ผม ชื่อ เอะงะวะ ครับ （男性）

ดิฉัน ชื่อ เอะงะวะ ค่ะ （女性）

男性が言う場合は、**ผม**（ポム）で始めて文末には**ครับ**、女性は**ดิฉัน**（デイチャン）で始めて文末には**ค่ะ**を使います。直訳では「私の名前は〜です」という意味です。

私は日本人です。 ผม/ดิฉัน เป็น คน ญี่ปุ่น ครับ/ค่ะ

เป็น（ペン）は英語のbe動詞に当たります。**คน ญี่ปุ่น**（コン ジーブン）は「日本人」の意味です。

私は東京から来ました。 ผม/ดิฉัน มา จาก โตเกียว ครับ/ค่ะ

มา จาก〜（マー チャーク〜）は「〜から来ました」という意味で、後に地名を入れます。

8. 買い物

カタカナ発音は、実際の発音に近い音で表してあります。
タイ語では分かち書きをしませんが、分かりやすくするために区切ってあります。

CD 8

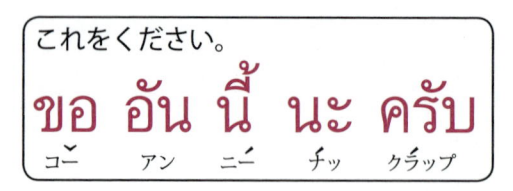

これをください。
ขอ อัน นี้ นะ ครับ
コー　アン　ニー　チッ　クラップ

いくらですか？
เท่าไร ครับ
タォライ　クラップ

高いですね。
แพง นะ ครับ
ペーン　チッ　クラップ

安いですね。
ถูก นะ ครับ
トゥーク　チッ　クラップ

まけてもらえませんか。
ลด ได้ ไหม ครับ
ロット　ダーイ　マイ　クラップ

(返事) いいですよ。
ได้ ค่ะ
ダーイ　カア

(返事) できません。
ไม่ ได้ ค่ะ
マイ　ダーイ　カア

8．買い物

書き取りコーナー

これをください。 ขอ อัน นี้ นะ ครับ/คะ

　ขอ〜（コー）は「〜をください」、นี้（ニー）は「これ」という意味です。文末の丁寧語には、男性はครับ（クラップ）を、女性はค่ะ（カァ）を使います。女性が使う文末のค่ะ（カァ）は、疑問文やนะ（チッ）を伴う表現ではคะ（カァ）という形になります。男性の使うครับは変わりません。

いくらですか？ เท่าไร ครับ/คะ

　「これはいくらですか？」นี่ เท่าไร ครับ/คะ（ニー タォライ クラップ/カァ）と言ったほうが丁寧です。

高いですね。 แพง นะ ครับ/คะ

　แพง（ペーン）は「高い」という意味です。

安いですね。 ถูก นะ ครับ/คะ

　ถูก（トゥーク）は「安い」という意味です。

まけてもらえませんか。 ลด ได้ ไหม ครับ/คะ

　他にลด ให้ หน่อย ได้ ไหม ครับ/คะ（ロット ハイ ノイ ダーイ マイ クラップ/カァ）という言い方もあります。

　　（返事）いいですよ。 ได้ ครับ/ค่ะ

　　（返事）できません。 ไม่ ได้ ครับ/ค่ะ

9. レストラン

カタカナ発音は、実際の発音に近い音で表してあります。
タイ語では分かち書きをしませんが、分かりやすくするために区切ってあります。

CD 9

席はありますか？
มี ที่ นั่ง ไหม คะ
ミー ティー チン マイ カア

メニューを見せてください。
ขอ ดู เมนู หน่อย นะ คะ
コー ドゥー メーヌー ノイ チッ カア

これをください。
ขอ สั่ง อาหาร นี้ หน่อย นะ คะ
コー サン アーハーン ニー ノイ チッ カア

おいしいですね。
อร่อย มาก นะ คะ
アロイ マーク チッ カア

お勘定をお願いします。
ช่วย เช็ค บิลล์ ด้วย นะ คะ
チュアイ チェク ビン ドゥアイ チッ カア

9. レストラン

```
╼╼╼╼╼╼╼╼╼╼╼╼╼╼╼╼╼ 書き取りコーナー ╼╼╼╼╼╼╼╼╼╼╼╼╼╼╼╼╼
```

席はありますか？　มี ที่ นั่ง ไหม ครับ/คะ

　มี～（ミー）は「～がある」の意味で、存在や所有を表します。文末の丁寧語には、男性は**ครับ**（クラップ）を、女性は**ค่ะ**（カア）を使います。女性が使う文末の**ค่ะ**（カア）は、疑問文や**นะ**（ナッ）を伴う表現では**คะ**（カア）という形になります。男性の使う**ครับ**は変わりません。

メニューを見せてください。　ขอ ดู เมนู หน่อย นะ ครับ/คะ

　เมนู（メーヌー）は「メニュー」で、英語の menu をタイ語で表記したものです。**ขอ ดู**～（コー ドゥー）は「～を見せてください」という意味で、～の部分の言葉を入れ替えて、いろいろな言い方ができます。

これをください。　ขอ สั่ง อาหาร นี้ หน่อย นะ ครับ/คะ

　อาหาร（アーハーン）は「料理」の意味です。**นี้**（ニー）は「これ」という意味です。

おいしいですね。　อร่อย มาก นะ ครับ/คะ

　อร่อย（アロイ）は「おいしい」、**ไม่ อร่อย**（マイ アロイ）は「おいしくない」です。**ไม่**（マイ）は否定を表します。

お勘定をお願いします。　ช่วย เช็ค บิลล์ ด้วย นะ ครับ/คะ

　ช่วย～ด้วย（チュアイ～ドゥアイ）「～してください」は、人にものを頼むときに使われる決まり文句です。**เช็ค**（チェク）は英語の check、**บิลล์**（ビン）は bill からきていて意味は共に「勘定書」を表します。口語ではこの言い方がよく使われます。

○料理についての言葉

タイ料理	อาหารไทย	アーハーンタイ	お腹がいっぱい	อิ่ม	イム
日本料理	อาหารญี่ปุ่น	アーハーンイープン	熱い	ร้อน	ローン
中華料理	อาหารจีน	アーハーンチーン	冷たい	เย็น	イェン
食べる	ทาน	ターン	辛い	เผ็ด	ペット
飲む	ดื่ม	ドゥーム	甘い	หวาน	ワーン
食事をする	ทานข้าว	ターンカーオ	酸っぱい	เปรี้ยว	プリーアオ
お腹がすいた	หิวข้าว	ヒウカーオ	塩辛い	เค็ม	ケム

○いろいろなタイ料理

トムヤムクン（エビが入った辛くて酸っぱいスープ）
ต้มยำ กุ้ง　　　กุ้ง（クン）は「エビ」。ต้มยำ（トムヤム）は辛くて酸っぱいスープの総称。
トムヤム　クン

ケーンチュー（辛くない薄味で、豆腐や春雨、つみれなどが入ったスープ）
แกง จืด　　　จืด（チュート）は「薄味の」。
ケーン　チュート

ヤムウンセン（ヤムは、辛くて酸っぱいあえもの。春雨の辛酸っぱいあえもの）
ยำ วุ้นเส้น　　　วุ้นเส้น（ウンセン）は「春雨」。
ヤム　ウンセン

カイヤーン（たれにつけた鶏肉をあぶったもの）
ไก่ ย่าง　　　ย่าง（ヤーン）は「あぶる」。ไก่（カイ）は「鶏肉」。
カイ　ヤーン

ソムタム（青パパイヤのサラダ。ニンニクや唐辛子、マナオというレモンの香りがよい）
ส้ม ตำ　　　ตำ（タム）は「たたく、つく」。
ソム　タム

トートマンプラー（魚のすり身を揚げたさつま揚げ。エビのすり身もあります）
ทอด มัน ปลา　　　ทอด（トート）は「揚げる」。ปลา（プラー）は「魚」。
トート　マン　プラー

ケーンキアオワーン（タイのグリーンカレーで、これに入れる肉を指定して言うことがあります）
แกง เขียว หวาน　　　เขียว（キアオ）は「緑」。แกง เขียว หวาน ไก่（ケーン キアオワーン カイ）では「鶏肉のグリーンカレー」。
ケーン　キアオ　ワーン

クェイティアオナーム（米麺に薄味のスープをかけたもの。好みで調味料をかけます）
ก๋วยเตี๋ยว น้ำ　　　ก๋วยเตี๋ยว（クェイティアオ）は「米麺（ビーフン）」で数種類あります。
クェイティアオ　ナーム

パッタイ（米麺を使ったタイ風の焼きそば。具がたくさん入っています）
ผัด ไทย　　　ผัด（パット）は「炒める」。
パット　タイ

やさしい解説編

1．子音の発音のしかた

「子音の発音」に関連して、少し詳しい説明を加えます。

1　子音の3つのグループ

グループ別の子音字は次のとおりです。[ ] 内は頭子音の発音です。この3つのグループ分けが p.75 の「声調の見分け方」の基準の一つになります。

○**中子音字**　9文字あります。
ก [k]　จ [c]　ด [d]　ฎ [d]　ต [t]　ฏ [t]　บ [b]　ป [p]　อ [–]
高子音字と低子音字に同じ音の文字はありません。

○**高子音字**　10文字あります。
ข [kh]　ฉ [ch]　ฐ [th]　ถ [th]　ผ [ph]　ฝ [f]　ศ [s]　ษ [s]　ส [s]　ห [h]

○**低子音字**　全部で23文字あります。さらに2つのグループに分かれます。
対応字　高子音字に同じ音があるグループです。
ค [kh]　ฆ [kh]　ช [ch]　ซ [s]　ฌ [ch]　ฑ [th]　ฒ [th]　ท [th]　ธ [th]
พ [ph]　ฟ [f]　ภ [ph]　ฮ [h]
単独字　他のグループに同じ音を持たないグループです。
ง [ŋ]　ญ [y]　ณ [n]　น [n]　ม [m]　ย [y]　ร [r]　ล [l]　ว [w]　ฬ [l]

2　頭子音の発音

頭子音とは音節の最初にある子音のことで、全部で21種類あります。子音字の数より少ないのは、同じ発音のものがあるからです。

子音を単独で発音するのは難しいので、子音の後に「ออ（オー）」を付けて発音します。右の表は子音の発音とグループ分けを示していて、㊥は中子音字、㊵は高子音字、㊵（対）は低子音字の対応字、㊵（単）は低子音字の単独字を表します。発音のポイントに注意しながら、頭子音を発音してみましょう。

1．子音の発音のしかた

CD 10

	子音字	発音	発音のポイント	「ɔɔ(オー)」を付けた発音	グループ
1	ก	[k]	日本語のカ行の音を、息を漏らさず発音します。	[kɔɔ]	中
2	ข	[kh]	日本語のカ行の音を、息を漏らして発音します。	[khɔ̌ɔ]	高
3	ค	[kh]	日本語のカ行の音を、息を漏らして発音します。	[khɔɔ]	低(対)
4	ฆ	[kh]	日本語のカ行の音を、息を漏らして発音します。	[khɔɔ]	低(対)
5	ง	[ŋ]	日本語のガ行の音ですが、「ンガ」といった感じで発音します	[ŋɔɔ]	低(単)
6	จ	[c]	日本語のチャ行の音を、息を漏らさず発音します。	[cɔɔ]	中
7	ฉ	[ch]	日本語のチャ行の音を、息を漏らして発音します。「シャ」との中間のような音です。	[chɔ̌ɔ]	高
8	ช	[ch]	日本語のチャ行の音を、息を漏らして発音します。「シャ」との中間のような音です。	[chɔɔ]	低(対)
9	ซ	[s]	日本語のサ行の音を発音します。si は「スィ」になります。	[sɔɔ]	低(対)
10	ฌ	[ch]	日本語のチャ行の音を、息を漏らして発音します。「シャ」との中間のような音です。	[chɔɔ]	低(対)
11	ญ	[y]	日本語のヤ行の音を発音しますが、i の母音が付くと「ジ」の音に聞こえます。	[yɔɔ]	低(単)
12	ฎ	[d]	日本語のダ行の音を発音します。di は「ディ」、du は「ドゥ」になります。	[dɔɔ]	中
13	ฏ	[t]	日本語のタ行の音を、息を漏らさず発音します。ti は「ティ」、tu は「トゥ」になります。	[tɔɔ]	中
14	ฐ	[th]	日本語のタ行の音を、息を漏らして発音します。thi は「ティ」、thu は「トゥ」と発音します。	[thɔ̌ɔ]	高
15	ฑ	[th]	日本語のタ行の音を、息を漏らして発音します。thi は「ティ」、thu は「トゥ」と発音します。	[thɔɔ]	低(対)
16	ฒ	[th]	日本語のタ行の音を、息を漏らして発音します。thi は「ティ」、thu は「トゥ」と発音します。	[thɔɔ]	低(対)
17	ณ	[n]	日本語のナ行の音を発音します。	[nɔɔ]	低(単)
18	ด	[d]	日本語のダ行の音を発音します。di は「ディ」、du は「ドゥ」になります。	[dɔɔ]	中
19	ต	[t]	日本語のタ行の音を、息を漏らさず発音します。ti は「ティ」、tu は「トゥ」になります。	[tɔɔ]	中

20	ถ	[th]	日本語のタ行の音を、息を漏らして発音します。thi は「ティ」、thu は「トゥ」と発音します。	[thɔ̌ɔ]	高
21	ท	[th]	日本語のタ行の音を、息を漏らして発音します。thi は「ティ」、thu は「トゥ」と発音します。	[thɔɔ]	低(対)
22	ธ	[th]	日本語のタ行の音を、息を漏らして発音します。thi は「ティ」、thu は「トゥ」と発音します。	[thɔɔ]	低(対)
23	น	[n]	日本語のナ行の音を発音します。	[nɔɔ]	低(単)
24	บ	[b]	日本語のバ行の音を発音します。	[bɔɔ]	中
25	ป	[p]	日本語のパ行の音を、息を漏らさず発音します。	[pɔɔ]	中
26	ผ	[ph]	日本語のパ行の音を、息を漏らして発音します。	[phɔ̌ɔ]	高
27	ฝ	[f]	上の歯が下唇に触れるようにして、日本語のファ行の音を発音します。	[fɔ̌ɔ]	高
28	พ	[ph]	日本語のパ行の音を、息を漏らして発音します。	[phɔɔ]	低(対)
29	ฟ	[f]	上の歯が下唇に触れるようにして、日本語のファ行の音を発音します。	[fɔɔ]	低(対)
30	ภ	[ph]	日本語のパ行の音を、息を漏らして発音します。	[phɔɔ]	低(対)
31	ม	[m]	日本語のマ行の音を発音します。	[mɔɔ]	低(単)
32	ย	[y]	日本語のヤ行の音を発音しますが、i の母音が付くと「ジ」の音に聞こえます。	[yɔɔ]	低(単)
33	ร	[r]	日本語のラ行の音を、巻き舌で発音します。	[rɔɔ]	低(単)
34	ล	[l]	日本語のラ行の音を発音します。	[lɔɔ]	低(単)
35	ว	[w]	日本語のワ行の音を発音します。	[wɔɔ]	低(単)
36	ศ	[s]	日本語のサ行の音を発音します。si は「スィ」になります。	[sɔ̌ɔ]	高
37	ษ	[s]	日本語のサ行の音を発音します。si は「スィ」になります。	[sɔ̌ɔ]	高
38	ส	[s]	日本語のサ行の音を発音します。si は「スィ」になります。	[sɔ̌ɔ]	高
39	ห	[h]	日本語のハ行の音を発音します。	[hɔ̌ɔ]	高
40	ฬ	[l]	日本語のラ行の音を発音します。	[lɔɔ]	低(単)
41	อ	[−]	母音と組んでその母音だけを発音します。 ※ʔの発音記号が母音の前に記されていることがあります。	[ɔɔ]	中
42	ฮ	[h]	日本語のハ行の音を発音します。	[hɔɔ]	低(対)

3 末子音の発音

　末子音とは音節の最後にある子音です。末子音は音で分類して9種類あります。ポイントは口の形と舌の位置にあります。カタカナ表記は実際の発音と異なるので、CDを聞いて確認しましょう。

🅲🅳 11

○末子音の発音のポイント
　末子音には、**平音節**と**促音節**（詰まる音）の2つがあります。

1) **平音節**には、以下のような末子音があります。
　[-ŋ（ン）] -ง　　「おんがく（音楽）」の「んが」で止めた場合の音で、「が」は弱く、鼻から抜けるような音です。
　　เก่ง [kèŋ（ケン）] じょうずな

　[-n（ン）] -น -ณ -ญ -ร -ล -ฬ　　「おんがく（音楽）」の「おん」で止めた場合の音で、舌の先が上の歯茎に付いて、鼻から抜けるような音です。
　　ประมาณ [pramaan（プラマーン）] およそ

　[-m（ム）] -ม　　「だんまり」の「ん」で止めた場合の音で、唇を閉じて、次に「ま」の音が続くような口の形です。
　　ผอม [phɔ̌ɔm（ポーム）] やせている

　[-y（イ）] -ย　　「イ」の音ですが、弱く発音します。発音表記は「i（イ）」で表される場合もあります。
　　อาย [aay（アーイ）] はずかしい

　[-w（オ）] -ว　　「オ」の音ですが「ウ」にも聞こえる音で、弱く発音します。発音表記は「u（ウ）」で表される場合もあります。
　　แถว [thɛ̌w（テェオ）] 地区　　※長母音を短母音として発音する例外

2) **促音節**には、以下のような末子音があります。
　[-p（ップ）] -บ -ป -พ -ฟ -ภ　　「あっぷ（アップ）」の「っぷ」の音です。本書では表記していますが、「ぷ」は唇を閉じてほとんど発音せずに止めてください。ただし前が長母音のときは、詰まらずに音を伸ばして、「ぷ」の唇の

形を作って止めてください。
สอบ [sɔ̀ɔp（ソープ）] 試験をする

[-t（ット）] -จ-ฉ-ช-ซ-ฌ-ฎ-ฏ-ฐ-ฑ-ฒ-ด-ต-ถ-ท-ธ-ศ-ษ-ส
「やっと」の「っと」の音ですが、舌の先を上の歯茎に付けて、「と」をほとんど発音せずに止めてください。ただし前が長母音のときは、詰まらずに音を伸ばして、「と」の唇の形を作って止めてください。
รถ [rót（ロット）] 乗り物

[-k（ック）] -ก-ข-ค-ฆ　「そっくり」の「っく」の音ですが、「く」は口の形だけで、ほとんど発音せずに止めてください。ただし前が長母音のときは、詰まらずに音を伸ばして、「く」の唇の形を作って止めてください。
พัก [phák（パック）] 泊まる

[-ʔ]　「えっ」の「っ」だけの音で、短母音で終わる音節の後にこの発音記号が付きますが、本書では特に注意する必要がないため、この記号は省略しました。

頭子音と末子音の発音早見表　　　　　は頭子音と末子音で発音が違うもの

k- ก -k	kh- ข -k	kh- ค -k	kh- ฆ -k	ŋ- ง -ŋ	c- จ -t
ch- ฉ -t	ch- ช -t	s- ซ -t	ch- ฌ -t	y- ญ -n	d- ฎ -t
t- ฏ -t	th- ฐ -t	th- ฑ -t	th- ฒ -t	n- ณ -n	d- ด -t
t- ต -t	th- ถ -t	th- ท -t	th- ธ -t	n- น -n	b- บ -p
p- ป -p	ph- ผ –	f- ฝ –	ph- พ -p	f- ฟ -p	ph- ภ -p
m- ม -m	y- ย -y	r- ร -n	l- ล -n	w- ว -w	s- ศ -t
s- ษ -t	s- ส -t	h- ห -n	l- ฬ -n	– อ –	h- ฮ –

2．母音の発音のしかた

以下、表中で※の付いた発音のカタカナは、実際の発音と特にずれの大きい音です。

1 短母音の発音　CD 12

短母音は全部で9種類あります。発音するとき音を長く伸ばしません。

1	□ะ	□■	[a] ア	日本語の「ア」の音です。
2	□ิ	□ิ■	[i] イ	日本語の「イ」の音です。
3	□ึ	□ึ■	[ɯ] ※ウ	口を日本語の「イ」の形にして「ウ」と発音します。
4	□ุ	□ุ■	[u] ウ	日本語の「ウ」の音で、口を突き出して発音します。
5	เ□อะ	เ□ิ■	[ə] ※ウ	口を日本語の「エ」の形にして「ウ」と発音します。
6	เ□ะ	เ□็■	[e] エ	日本語の「エ」の音です。
7	แ□ะ	แ□็■	[ɛ] ※エ	口を日本語の「ア」の形にして「エ」と発音します。
8	โ□ะ	□■	[o] オ	日本語の「オ」の音です。
9	เ□าะ	□็อ■	[ɔ] ※オ	口を日本語の「ア」の形にして「オ」と発音します。

2 長母音の発音

長母音は全部で9種類あります。発音するとき音を長く伸ばします。発音記号では母音を2つ並べて表しますが、区切らずに発音します。

10	□า	□า■	[aa] アー	日本語の「アー」の音です。
11	□ี	□ี■	[ii] イー	日本語の「イー」の音です。
12	□ือ	□ื■	[ɯɯ] ※ウー	口を日本語の「イ」の形にして「ウー」と発音します。
13	□ู	□ู■	[uu] ウー	日本語の「ウー」の音で、口を突き出して発音します。
14	เ□อ	เ□ิ■	[əə] ※ウー	口を日本語の「エ」の形にして「ウー」と発音します。
15	เ□	เ□■	[ee] エー	日本語の「エー」の音です。
16	แ□	แ□■	[ɛɛ] ※エー	口を日本語の「ア」の形にして「エー」と発音します。
17	โ□	โ□■	[oo] オー	日本語の「オー」の音です。
18	□อ	□อ■	[ɔɔ] ※オー	口を日本語の「ア」の形にして「オー」と発音します。

3 二重母音の発音

音の違う2つの母音の組み合わせです。

短母音

19	เ◻ียะ	[ia]イアッ	「イ」は長めに、「ア」の音は弱く短く発音します。
20	เ◻ือะ	[ɯa]※ウアッ	「ウ」は長めに、「ア」の音は弱く短く発音します。
21	◻ัวะ	[ua]ウアッ	「ウ」は長めに、「ア」の音は弱く短く発音します。

長母音

22	เ◻ีย　เ◻ีย■	[ia]イア	「イ」は長めに、「ア」の音は弱く発音します。
23	เ◻ือ　เ◻ือ■	[ɯa]※ウア	「ウ」は長めに、「ア」の音は弱く発音します。
24	◻ัว　◻ว■	[ua]ウア	「ウ」は長めに、「ア」の音は弱く発音します。

4 その他の母音の発音

そのほかに次のような母音があります。

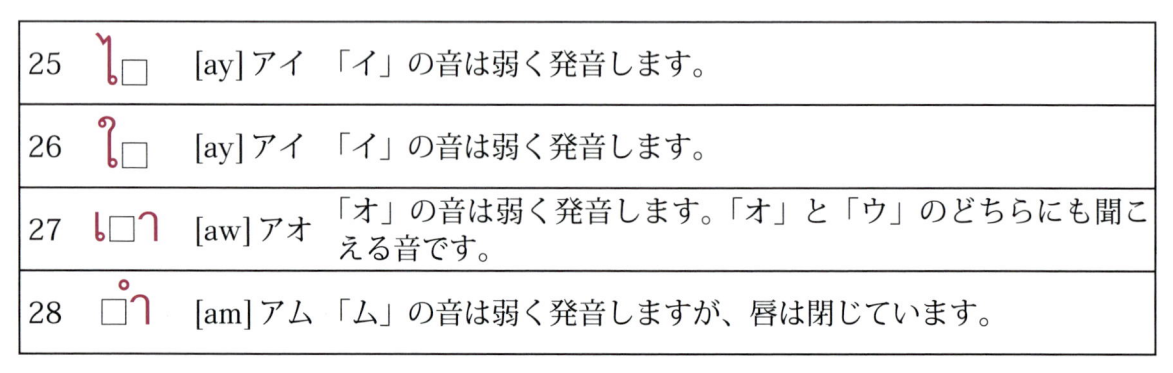

25	ไ◻	[ay]アイ	「イ」の音は弱く発音します。
26	ใ◻	[ay]アイ	「イ」の音は弱く発音します。
27	เ◻า	[aw]アオ	「オ」の音は弱く発音します。「オ」と「ウ」のどちらにも聞こえる音です。
28	◻ำ	[am]アム	「ム」の音は弱く発音しますが、唇は閉じています。

3．声調の発音と見分け方

1　声調の発音

　タイ語には5つの声調があります。声調が違うと意味が変わってきます。例えば、日本語で表記すると同じ「マー」が、声調の違いによって、マー maa「来る」、マー máa「馬」、マー mǎa「犬」などの異なる意味になります。

　同様に、「モー」は声調が違うと、モー mɔ̌ɔ「医者」とモー mɔ̂ɔ「なべ」の意味になります。

　このようにタイ語では声調がとても重要です。「カー」を例に見てみましょう。

声調	記号	発音のポイント	カタカナ表記	発音記号
平声	なし	普通の声の高さで平らに発音します。	カー	kaa
低声	ˋ	平声よりも低い音で平らに発音します。	カー	kàa
下声	ˆ	平声よりも高い音から一気に下がるように発音します。	カー	kâa
高声	ˊ	下声より若干高い音からさらに上がり調子に発音します。	カー	káa
上声	ˇ	低声より若干高い音から尻上がりに発音します。	カー	kǎa

　これらの声調の高低の関係を図で示すと以下のようになります。

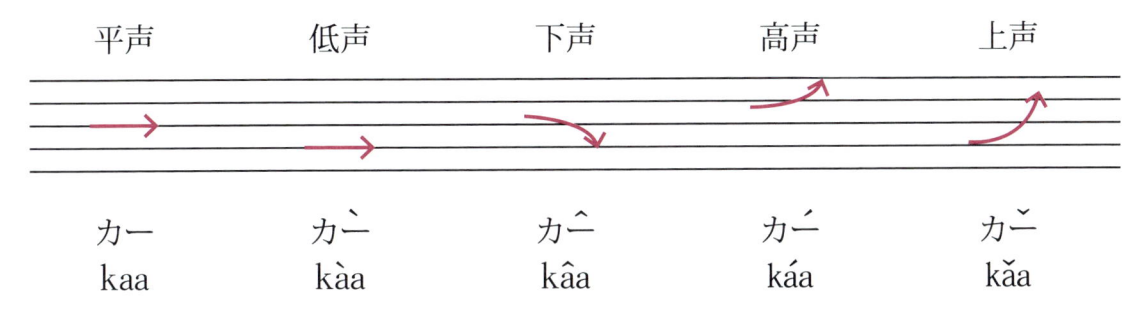

平声	低声	下声	高声	上声
カー	カー	カー	カー	カー
kaa	kàa	kâa	káa	kǎa

2 声調符号

声調符号には4つの種類があります。

่	第1声調符号
้	第2声調符号
๊	第3声調符号
๋	第4声調符号

声調符号は子音字の上、子音字の上に母音符号がある場合は、母音符号の上に記します。

子音字の上　　ร้าน　　　　[ráan（ラーン）]　　　　店

　　　　　　ตุ๊กตา　　　　[túkkataa（トゥッカター）]　人形

　　　　　　สว่าง　　　　[sawàaŋ（サワーン）]　　　明るい

母音符号の上　ที่　　　　　[thîi（ティー）]　　　　　場所、〜に

　　　　　　ยิ้ม　　　　　[yím（イム）]　　　　　　ほほえむ

　　　　　　เปรี้ยว　　　[prîaw（プリアオ）]　　　酸っぱい

声調符号が同じだからといって、声調がすべて同じであるとは限りません。子音字の属するグループ（中子音・高子音・低子音）や母音の種類などによって、声調は違ってきます。

例えば、同じ声調符号 ้ でも、ห้า [hâa（ハー）]（5）では下声（ˆ）、ท้า [tháa（ター）]（挑戦する）では高声（´）のようになります。

声調の見分け方については次ページを見てください。

3 声調の見分け方

では、文字と声調符号の関係をどのように見ていけばよいでしょうか。

声調は次の要素によって決まります。

> ・頭子音字が属するグループ（中子音か高子音か低子音か）
> ・声調符号の有無
> ・声調符号の種類
> ・末子音の種類（平音節か促音節か）
> ・母音の種類（頭子音字が低子音で促音節の場合には、長母音か短母音か）

次の表を手がかりに、声調を考えてみましょう。頭子音字の属するグループから考えてもよいのですが、ここでは、末子音が平音節か促音節かを見て、声調を決定する方法で説明していきます。

表1　末子音が平音節（-ŋ、-n、-m、-y、-w　または長母音や二重母音、その他の母音で終わる場合）の声調

頭子音字のグループ	声調符号なし	第1 (่)	第2 (้)	第3 (๊)	第4 (๋)
中子音字	平声（—）	低声（＼）	下声（∧）	高声（／）	上声（∨）
高子音字	上声（∨）	低声（＼）	下声（∧）		
低子音字	平声（—）	下声（∧）	高声（／）		

表2　末子音が促音節（-p、-t、-k　または短母音で終わる場合）の声調

頭子音字のグループ	声調符号なし		声調符号あり※
中子音字	低声（＼）		表1
高子音字	低声（＼）		表1
低子音字	長母音	短母音	表1
	下声（∧）	高声（／）	

※促音節でも声調符号がある場合は、表1の声調符号に従います。

実際の単語を、この表に当てはめて、声調を見ていきましょう。はじめは表に照らし合わせて、確認していく方法からスタートしましょう。

ดี	[dii（ディー）]	よい
長母音で終わる平音節→表1　頭子音が中子音字、声調符号なし　→ **平声**（ー）		
อ่าน	[àan（アーン）]	読む
末子音が平音節→表1　頭子音が中子音字、声調符号（่）あり　→ **低声**（＼）		
ตั๋ว	[tǔa（トゥア）]	切符
二重母音で終わる平音節→表1　頭子音が中子音字、声調符号（๋）あり　→ **上声**（∨）		
ฝน	[fǒn（フォン）]	雨
末子音が平音節→表1　頭子音が高子音字、声調符号なし　→ **上声**（∨）		
ข้าว	[khâaw（カーオ）]	ごはん
末子音が平音節→表1　頭子音が高子音字、声調符号（้）あり　→ **下声**（＾）		
ซอย	[sɔɔy（ソーイ）]	小路
末子音が平音節→表1　頭子音が低子音字、声調符号なし　→ **平声**（ー）		
เพื่อน	[phɯ̂an（プアン）]	友だち
末子音が平音節→表1　頭子音が低子音字、声調符号（่）あり　→ **下声**（＾）		
จมูก	[camùuk（チャムーク）]	鼻
末子音が促音節→表2　頭子音が中子音字、声調符号なし　→ **低声**（＼）		
และ	[lɛ́（レ）]	〜と〜
短母音で終わる促音節→表2　頭子音が低子音字、声調符号なし　→ **高声**（／）		
ราบ	[râap（ラープ）]	平らな
末子音が促音節→表2　頭子音が低子音字　声調符号なし、長母音　→ **下声**（＾）		

3．声調の発音と見分け方

4　声調符号の練習

4．子音字が連続する場合

1 二重子音

　2つの子音字をつなげたもので、以下のような組み合わせがあります。
　[k] [kh] [p] [ph] [t] の5つの頭子音と [l] [r] [w] の3つの子音が合わされて二重子音となります。カタカナ表記では同じでも、まったく別の発音です。カタカナは参考として見てください。

子音字 / 発音	ล / l	ร / r	ว / w
ก / k	กล　kl　クル	กร　kr　クル	กว　kw　クワ
ข / kh	ขล　khl　クル	ขร　khr　クル	ขว　khw　クワ
ค / kh	คล　khl　クル	คร　khr　クル	คว　khw　クワ
ป / p	ปล　pl　プル	ปร　pr　プル	
ผ / ph	ผล　phl　プル		
พ / ph	พล　phl　プル	พร　phr　プル	
ต / t		ตร　tr　トゥル	

[単語の中の二重子音]

　　　　　　　　　　　二重子音　＋　母音　＋　末子音

プラー（魚）
ปลา　　＝　　ปล　＋　า　＋　なし
plaa（プラー）＝　pl（プル）＋　aa（アー）

プレーン（歌）
เพลง　　＝　　พล　＋　เ　＋　ง
phleeŋ（プレーン）＝　phl（プル）＋　ee（エー）＋　ŋ（ン）

4．子音字が連続する場合

[二重子音の発音]

二重子音の声調は最初の子音字の規則によって決まります。

กล	กลาง	クラーン	klaaŋ（まん中）
กร	กราบ	クラープ	kràap（平伏する）
กว	กวาด	クワート	kwàat（掃く）
ขล	ขลุก	クルック	khlùk（ぶくぶくという音）
ขร	ขรัว	クルア	khrŭa（老僧）
ขว	ขวา	クワー	khwǎa（右）
คล	คลอง	クローン	khlɔɔŋ（運河）
คร	ครู	クルー	khruu（先生）
คว	ควาย	クワーイ	khwaay（水牛）
ปล	เปล่า	プラーオ	plàaw（からっぽ）
ปร	ประตู	プラトゥー	pratuu（扉）
ผล	ผลัก	プラック	phlàk（押す）
พล	พลอย	プローイ	phlɔɔy（宝石）
พร	พระ	プラ	phrá（僧侶）
ตร	ตรา	トラー	traa（印）

二重子音をタイ人が発音しているのを聞くと、2つ目の子音（r や l）ははっきり聞き取れないかもしれません。例えば、ปลา [plaa]（魚）は「プラー」ですが、「l」が抜けて「paa パー」に聞こえることがあります。

2 ห が入った単語は注意

最初の子音字として ห がある単語は、頭子音であれば [h] の音ですが、次の文字が低子音単独字（1．1 子音の3つのグループ 「低子音単独字」（p.66））の場合は、ห は発音されずに、次の文字を高子音化する役割をします。声調は高子音字の規則に当てはめます。

หวาน [wǎan（ワーン）] 甘い
　　ห が最初の子音字　ว は低子音単独字　→末子音は平音節　→表1（p.75）
　　ว は高子音とみなす　声調符号なし　→上声（ˇ）

หน้า [nâa (ナー)] 顔
　　ห が最初の子音字　　น は低子音単独字　→長母音で終わる平音節　→ 表1(p.75)
　　น は高子音とみなす　声調符号（ ̌ ）あり　→ 下声（^）

ใหม่ [mày (マイ)] 新しい
　　ห が最初の子音字　（※ ใ は母音符号なので頭子音字ではありません）
　　ม は低子音単独字　→その他の母音で終わる平音節　→ 表1（p.75）
　　ม は高子音とみなす　声調符号（ ̀ ）あり　→ 低声（˴）

เหล็ก [lèk (レック)] 鉄
　　ห が最初の子音字　（※ เ ็ は母音符号なので頭子音字ではありません）
　　ล は低子音単独字　→末子音が促音節　→ 表2（p.75）
　　ล は高子音とみなす　声調符号なし　→ 低声（˴）

3 อย が入った単語は注意

　อย が最初にくる以下の4つの単語は、อ は発音されずに、ย が中子音扱いになります。ここでは、อ は ย を中子音化する役割をします。

อย่า [yàa (ヤー)] ～するな
　　อย が最初の文字　長母音で終わる平音節　→ 表1（p.75）
　　ย を中子音とみなす　声調符号（ ̀ ）あり　→ 低声（˴）

อย่าง [yàaŋ (ヤーン)] 種類
　　อย が最初の文字　末子音が平音節　→ 表1（p.75）
　　ย を中子音とみなす　声調符号（ ̀ ）あり　→ 低声（˴）

อยู่ [yùu (ユー)] いる
　　อย が最初の文字　長母音で終わる平音節　→ 表1（p.75）
　　ย を中子音とみなす　声調符号（ ̀ ）あり　→ 低声（˴）

อยาก [yàak (ヤーク)] ～したい
　　อย が最初の文字　末子音が促音節　→ 表2（p.75）
　　ย を中子音とみなす　声調符号なし　→ 低声（˴）

4 擬似二重子音

二重子音は、その組み合わせが決まっています（→ 1）が、それ以外に子音が2つ連続しているときは、2つの子音の間に、[a] を補って発音します。この場合の [a] の声調は平声という決まりがあり、添える感じで弱く発音します。

สยาม [sayǎam（サヤーム）] シャム（タイの旧国名）では สย 、
ชนะ [chaná（チャチ）] 勝つ　では ชน が、疑似二重子音です。

5 頭子音字＋末子音字（□■）の2文字から成る音節

短母音の โ□ะ [o] は、末子音字が付くと母音符号がなくなり、頭子音字＋末子音（□■）の形になります。（→「母音の符号と発音」p.26）

ฝน [fǒn（フォン）] 雨　　　คน [khon（コン）] 人

6 一字再読字

2音節以上ある単語の音節の区切りの子音字を末子音として読んだ後、次の音節の頭子音としてもう一度読むことがあります。

สกปรก [sòkkapròk（ソッカプロック）] 汚い
ศาสนา [sàatsanǎa（サートサナー）]　宗教

5．その他の符号と発音の決まり

1 黙字符号（ ์ ）

์ の符号の付いた文字は発音しません。

โทรศัพท์ [thoorasàp（トーラサップ）] 電話
วันจันทร์ [wancan（ワンチャン）] 月曜日

์　์　์　์　์　์　์

2 反復符号（ ๆ ）

ๆ の符号がつくと、その前の単語を繰り返して発音します。繰り返して使うことで意味を強めます。また表記するときは単語と ๆ 符号の間は1文字分間隔を空けます。

เล็ก ๆ [lék lék（レック　レック）]（とても）小さい

ๆ　ๆ　ๆ　ๆ　ๆ　ๆ　ๆ

3 省略記号（ ฯ、ฯลฯ ）

ฯ（小略記号）は、長い固有名詞を省略するときに用います。ฯลฯ（大略記号）は英語のetc.（エトセトラ）に相当し、「レウーンウーン」と読みます。

กรุงเทพฯ [kruŋthêep（クルンテープ）]　バンコク

本来は、กรุงเทพพระมหานคร …… [kruŋthêepphramahǎanakhon（クルンテーププラマハーナコン……] と言いますが、長いので省略されています。

สีแดง สีเขียว สีม่วง และ สีส้ม ฯลฯ [sǐidɛɛŋ sǐikhǐaw sǐimûaŋ lɛ́ sǐisôm lɛ́ ɯ̀ɯ̀n（スィーデーン　スィーキィアオ　スィームアン　レ　スィーソム　レウーンウーン）] 赤色、緑色、紫色とオレンジ色、等々

5．その他の符号と発音の決まり

ๆ　ๆ　ๆ　ๆ　ๆ　ๆ　ๆ

ฯลฯ　ฯลฯ　ฯลฯ　ฯลฯ　ฯลฯ

4　ฤ、ฤๅ について

ฤ は [ri（リ）] [rɯ（ルゥ）]、ฤๅ は [rɯɯ（ルゥー）] を表す特殊な文字です。

　　ฤดู [rúduu（ルゥ́ドゥー）] 季節
　　ฤๅษี [rɯɯsǐi（ルゥースィ̌ー）] 行者

ฤ　ฤ　ฤ　ฤ　ฤ　ฤ　ฤ

ฤๅ　ฤๅ　ฤๅ　ฤๅ　ฤๅ　ฤๅ　ฤๅ

タイ語における「有気音」と「無気音」

　本書ではこの用語は使っていませんが、タイ語には「有気音」と「無音」の区別があります。
　例えば、コー・カイ表の1、2、3、4番はすべてカ行の音を表していますが、1番の [k] は無気音、2、3、4番の [kh] は有気音です。両者の発音にはどのような違いがあるのでしょうか。無気音は息を漏らさず「コー」と発音します。一方、有気音は息を強く漏らして「コー」と発音します。（→ p.67）
　その区別ができているかどうかは、例えば、口の前に軽い紙を下げて、これが「コー」という発音と共に揺れなければ無気音に、揺れたら有気音になっていることが確認できます。

6.「コー・カイ表」で単語にチャレンジ

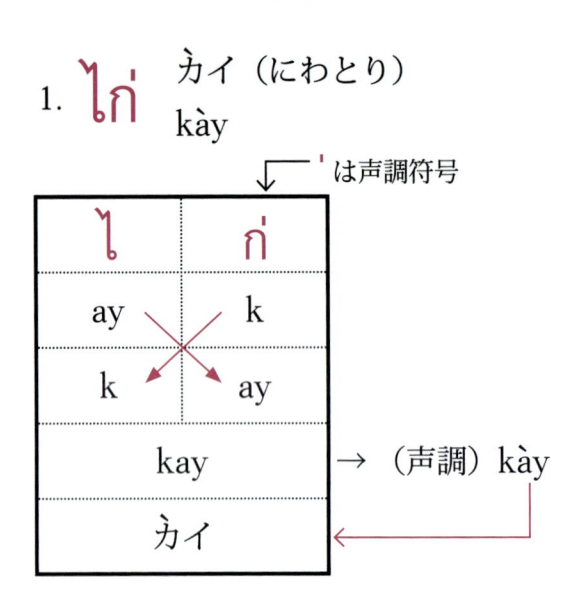

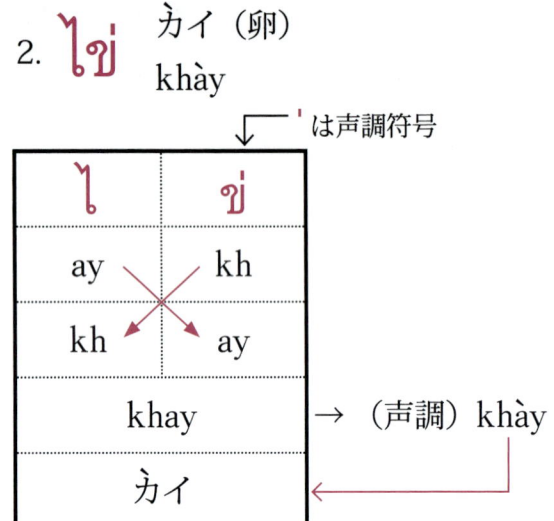

1. ไก่　カイ（にわとり）
   kày

ไ	ก่
ay	k
k	ay
kay	
カイ	

↑ ' は声調符号
→（声調）kày

2. ไข่　カイ（卵）
   khày

ไ	ข่
ay	kh
kh	ay
khay	
カイ	

↑ ' は声調符号
→（声調）khày

3. ควาย　クワーイ（水牛）
   khwaay

คว	า	ย
khw	aa	y
khwaay		
クワーイ		

คว は二重子音（→ p.78）

4. ระฆัง　ラカン（鐘）
   rakhaŋ

ร	ะ	ฆ	ั	ง
r	a	kh	a	ŋ
ra		khaŋ		
ラ		カン		

6.「コー・カイ表」で単語にチャレンジ

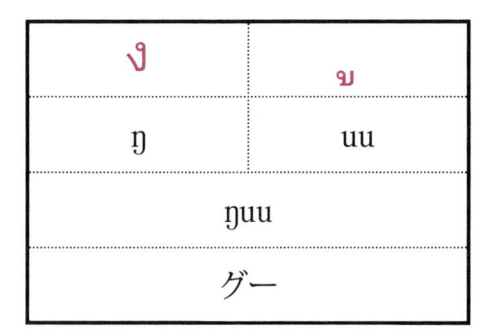

5. งู　グー（蛇）
　　　ŋuu

ง	ู
ŋ	uu
ŋuu	
グー	

6. จาน　チャーン（皿）
　　　caan

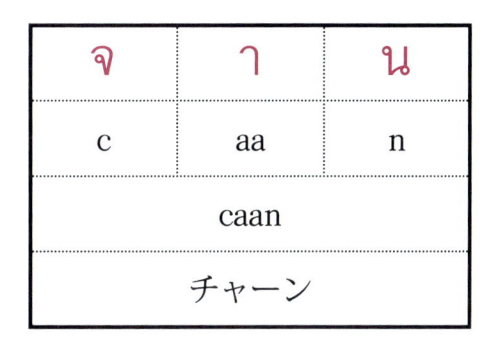

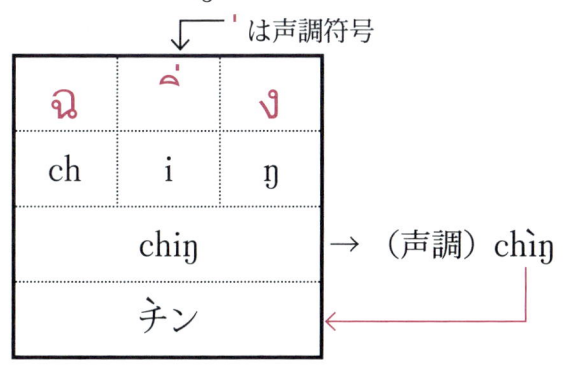

จ	า	น
c	aa	n
caan		
チャーン		

7. ฉิ่ง　チン（シンバル）
　　　 chìŋ

↓ ˋ は声調符号

ฉ	ิ่	ง
ch	i	ŋ
chiŋ			→ （声調）chìŋ
チン		

8. ช้าง　チャーン（象）
　　　 cháaŋ

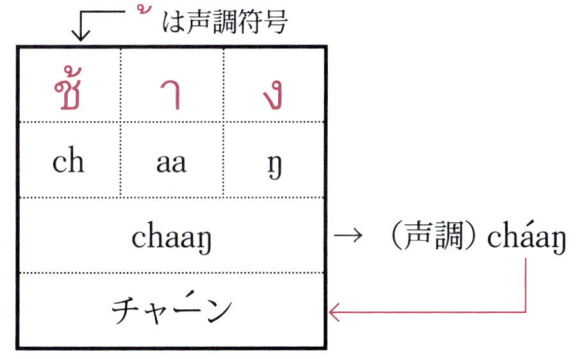

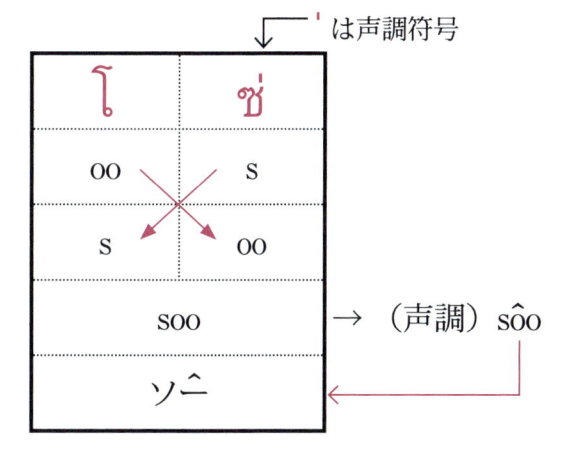

↓ ˊ は声調符号

ช้	า	ง
ch	aa	ŋ
chaaŋ			→ （声調）cháaŋ
チャーン		

9. โซ่　ソー（鎖）
　　　sôo

↓ ˋ は声調符号

โ	ซ่
oo	s
s	oo
soo || → （声調）sôo
ソー	

10. กะเฌอ　カチュー（樹）
　　　 kachəə

ก	ะ	เ-อ	ฌ
k	a	əə	ch
k	a	ch	əə
ka		chəə	
カ		チュー	

เ-อ は長母音（→ p.26）

85

11. หญิง ยิ่ง（女性） yǐŋ

↓──発音されない（→p.79）

ห	ญ	ํ	ง
	y	i	ŋ
	yiŋ		
	イン		

→（声調）yǐŋ

12. ชฎา チャダー（冠） chadaa

↓──[a]を付けて発音する（→p.81）

ช	ฎ	า
ch + a	d	aa
cha	daa	
チャ	ダー	

13. ปฏัก パタック（やり） patàk

↓──[a]を付けて発音する（→p.81）

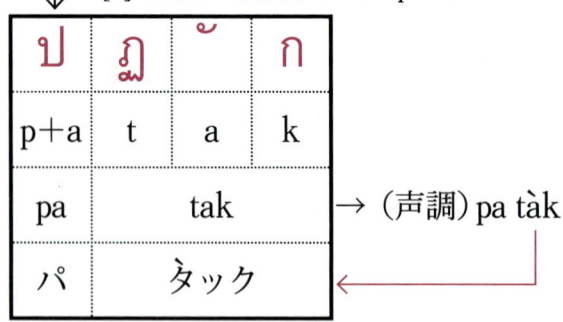

ป	ฏ	ั	ก
p+a	t	a	k
pa	tak		
パ	タック		

→（声調）pa tàk

14. ฐาน ターン（台座） thǎan

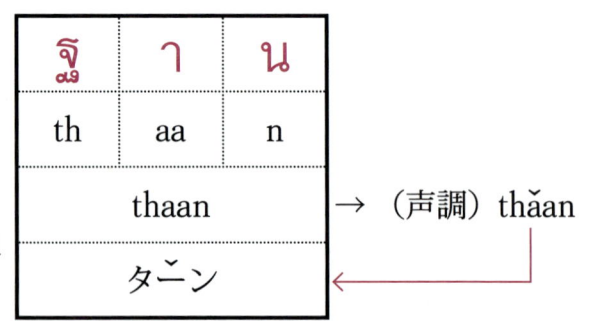

ฐ	า	น
th	aa	n
thaan		
ターン		

→（声調）thǎan

6.「コー・カイ表」で単語にチャレンジ

15. นางมณโฑ　ナーンモントー（モントー夫人）
naaŋmonthoo

―[o] を付けて発音する（→ p.81）

น	า	ง	ม	ณ	โ	ฑ
n	aa	ŋ	m＋o	n	oo	th
n	aa	ŋ	mo	n	th	oo
naaŋ			mon		thoo	
ナーン			モン		トー	

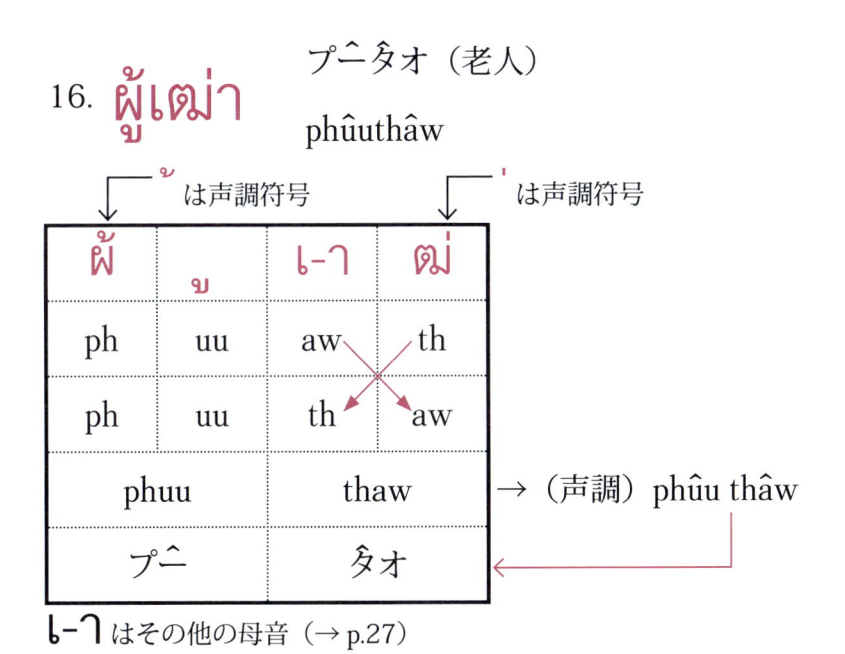

16. ผู้เฒ่า　プータオ（老人）
phûuthâw

◌̌ は声調符号　　　◌̀ は声調符号

ผู้	ู	เ-า	เฒ่
ph	uu	aw	th
ph	uu	th	aw
phuu		thaw	
プー		タオ	

→（声調）phûu thâw

เ-า はその他の母音（→ p.27）

17. เณร
ネーン（修行僧）
neen

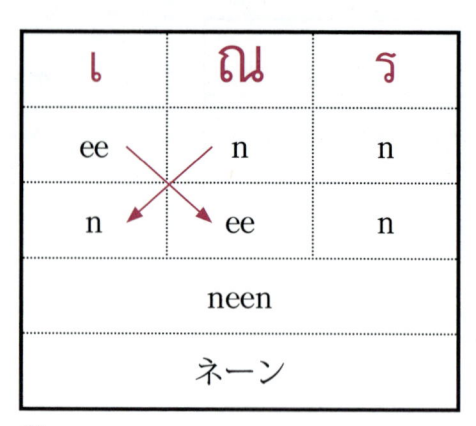

เ	ณ	ร
ee	n	n
n	ee	n
	neen	
	ネーン	

ร は末子音のため [n] と発音する

18. เด็ก
デック（子供）
dèk

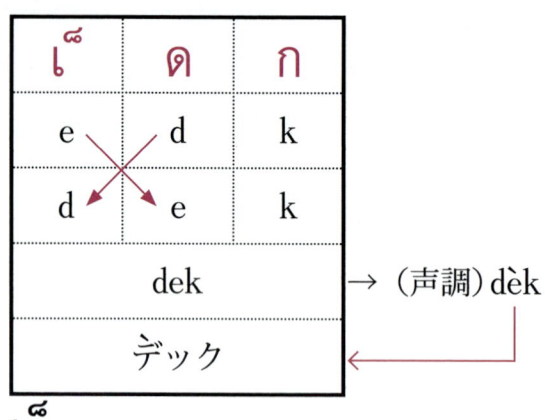

เ็	ด	ก
e	d	k
d	e	k
	dek	
	デック	

→（声調）dèk

เ็ は短母音（→ p.26）

19. เต่า
タオ（亀）
tàw

' は声調符号

เ–า	ต่
aw	t
t	aw
taw	
タオ	

→（声調）tàw

เ–า はその他の母音（→ p.27）

20. ถุง
トゥン（袋）
thǔŋ

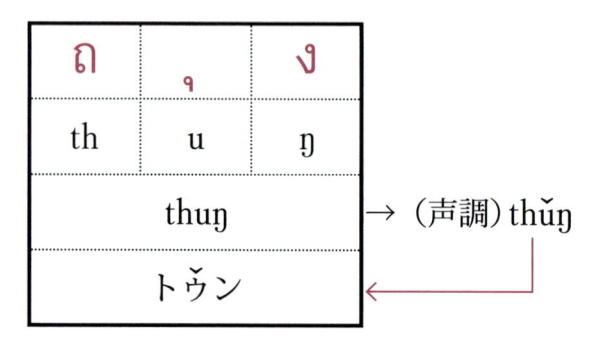

ถ	ุ	ง
th	u	ŋ
	thuŋ	
	トゥン	

→（声調）thǔŋ

21. ทหาร
タハーン（兵士）
thahǎan

[a] を付けて発音する（→ p.81）

ท	ห	า	ร
th+a	h	aa	n
tha		haan	
タ		ハーン	

→（声調）tha hǎan

ร は末子音のため [n] と発音する

6.「コー・カイ表」で単語にチャレンジ

22. **ธง** トン（旗） thoŋ

←──[o]を付けて発音する（→ p.81）

ธ	ง
th ＋ o	ŋ
thoŋ	
トン	

23. **หนู** ヌー（ねずみ） nǔu

←──発音されない（→ p.79）

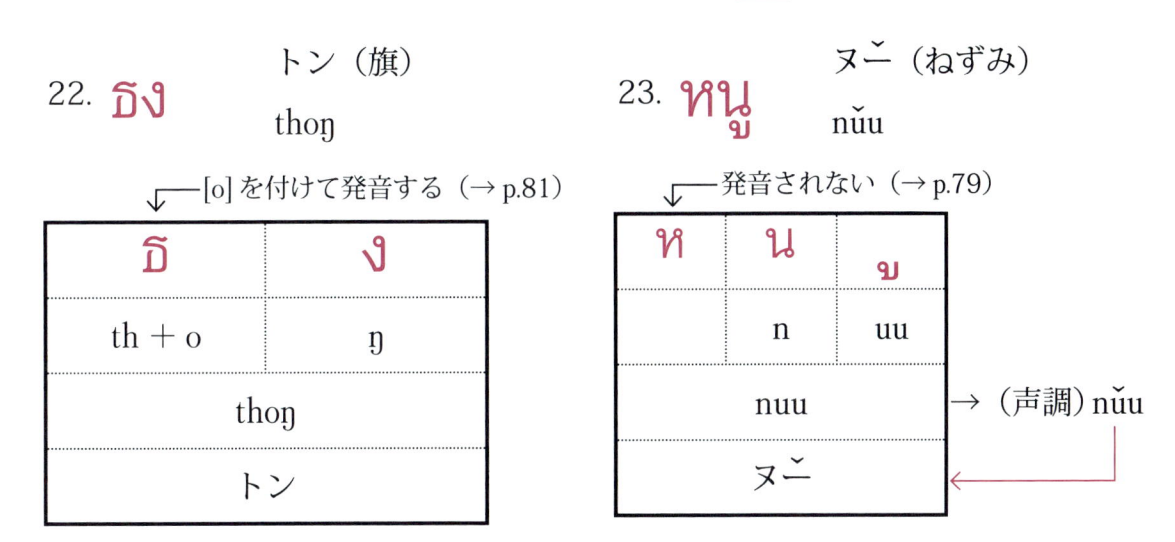

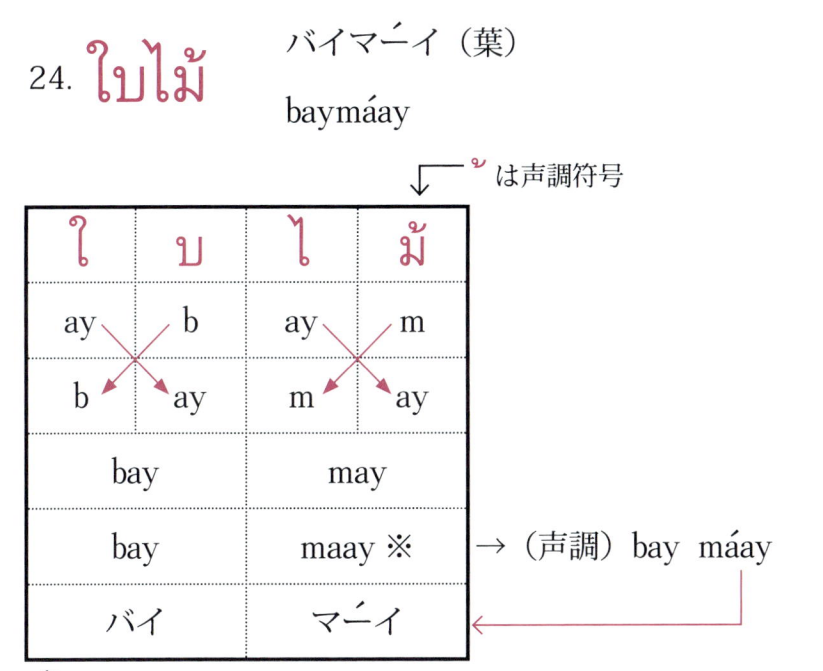

ห	น	ู
	n	uu
nuu		
ヌー		

→（声調）nǔu

24. **ใบไม้** バイマーイ（葉） baymáay

←── ˇ は声調符号

ใ	บ	ไ	ม้
ay ＼ ／ b		ay ＼ ／ m	
b ／ ＼ ay		m ／ ＼ ay	
bay		may	
bay		maay ※	
バイ		マーイ	

→（声調）bay máay

※ **ไม้** は規則に従うと may ですが、長母音として発音される例外です

25. ปลา　プラー（魚）
plaa

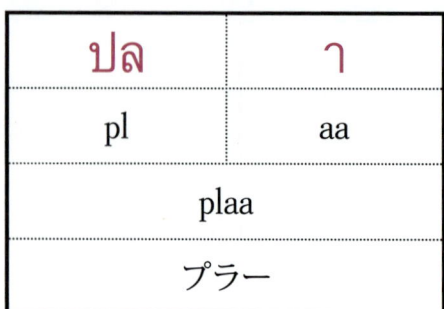

ปล	า
pl	aa
plaa	
プラー	

ปล は二重子音（→ p.78）

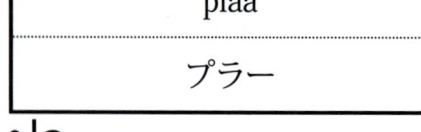

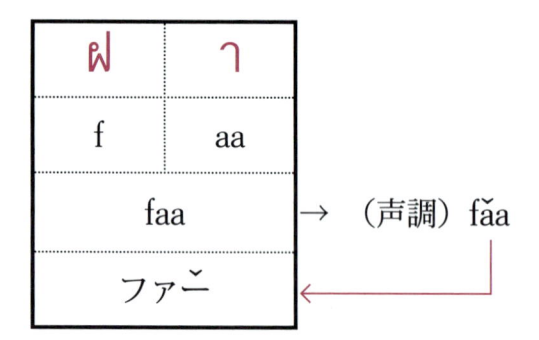

26. ผึ้ง　プゥン（みつばち）
phɯ̂ŋ

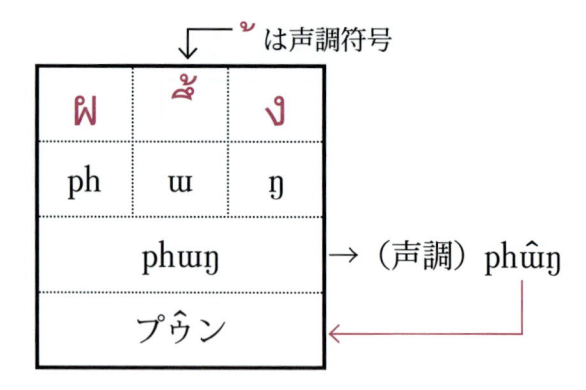

↓ ゛ は声調符号

ผ	้ึ	ง
ph	ɯ	ŋ
phɯŋ			→ （声調）phɯ̂ŋ
プゥン		

27. ฝา　ファー（ふた）
fǎa

ฝ	า
f	aa
faa || → （声調）fǎa
ファー	

28. พาน　パーン（高脚台）
phaan

พ	า	น
ph	aa	n
phaan		
パーン		

29. ฟัน　ファン（歯）
fan

ฟ	ั	น
f	a	n
fan		
ファン		

30. สำเภา　サムパオ（ジャンク船）
sǎmphaw

ส	ำ	เ-า	ภ
s	am	aw	ph
s	am	ph	aw
sam		phaw		→ （声調）sǎm phaw
サム		パオ	

ำ、เ-า はその他の母音（→ p.27）

6.「コー・カイ表」で単語にチャレンジ

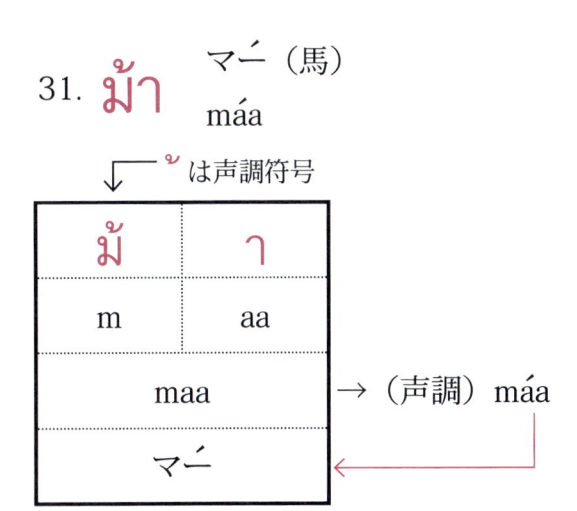

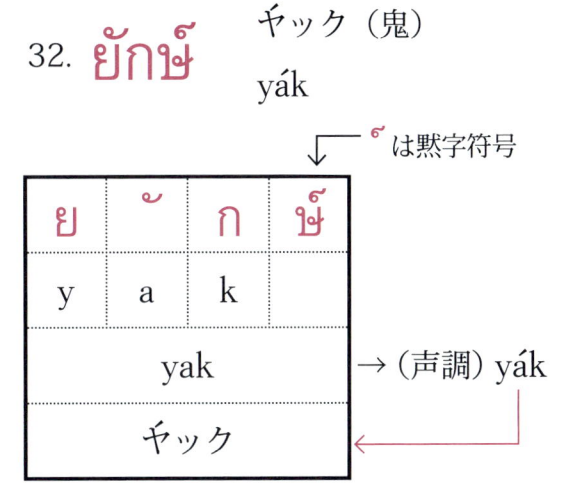

31. ม้า　マー（馬）　máa

↓ ´ は声調符号

ม้	า
m	aa
maa	
マー	

→（声調）máa

32. ยักษ์　ヤック（鬼）　yák

↓ ์ は黙字符号

ย	ก	ษ์
y	a	k
yak		
ヤック		

→（声調）yák

黙字符号が付いているものは読まない

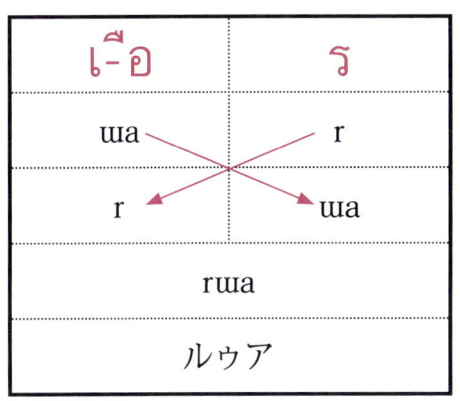

33. เรือ　ルゥア（船）　rɯa

เ-ือ	ร
ɯa	r
r	ɯa
rɯa	
ルゥア	

เ-ือ は二重母音（→ p.27）

34. ลิง　リン（猿）　liŋ

ล	ิ	ง
l	i	ŋ
liŋ		
リン		

35. แหวน　ウェーン（指輪）　wěɛn

← 発音されない（→ p.79）

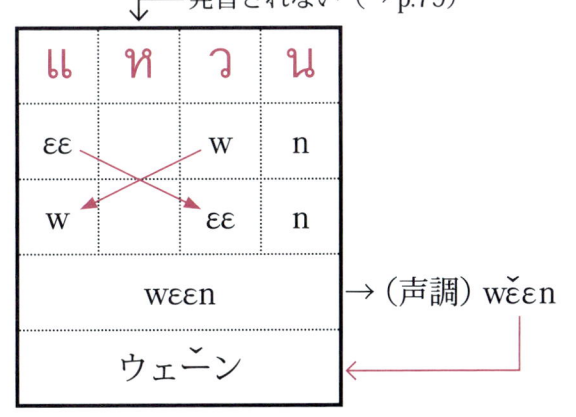

แ	ห	ว	น
ɛɛ		w	n
w		ɛɛ	n
wɛɛn			
ウェーン			

→（声調）wěɛn

36. ศาลา　サーラー（あずまや）
sǎalaa

ศ	า	ล	า
s	aa	l	aa
saa		laa	
サー		ラー	

→（声調）sǎa laa

37. ฤๅษี　ルゥースィー（行者）
rɯɯsǐi

ฤๅ※	ษ	◌ี
rɯɯ	s	ii
rɯɯ	sii	
ルゥー	スィー	

→（声調）rɯɯ sǐi

※ ฤๅ は [rɯɯ（ルゥー）] と発音される特殊な文字（→ p.83）

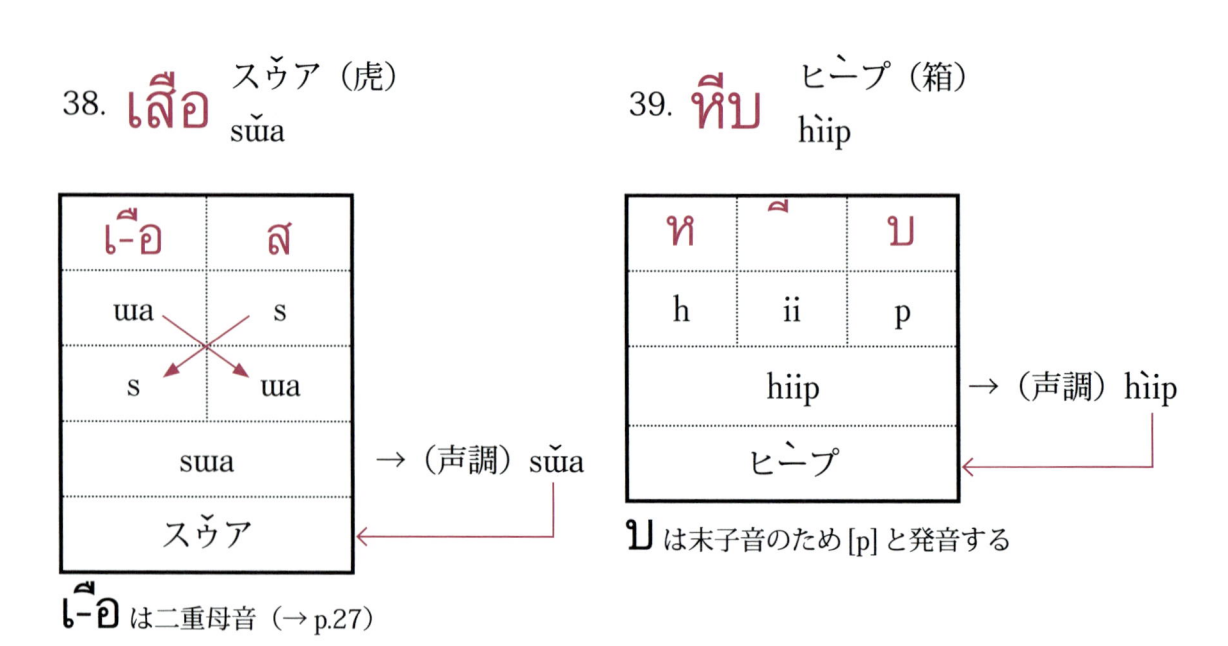

38. เสือ　スゥア（虎）
sɯ̌a

เ–ือ	ส
ɯa	s
s	ɯa
sɯa	
スゥア	

→（声調）sɯ̌a

เ–ือ は二重母音（→ p.27）

39. หีบ　ヒープ（箱）
hìip

ห	◌ี	บ
h	ii	p
hiip		
ヒープ		

→（声調）hìip

บ は末子音のため [p] と発音する

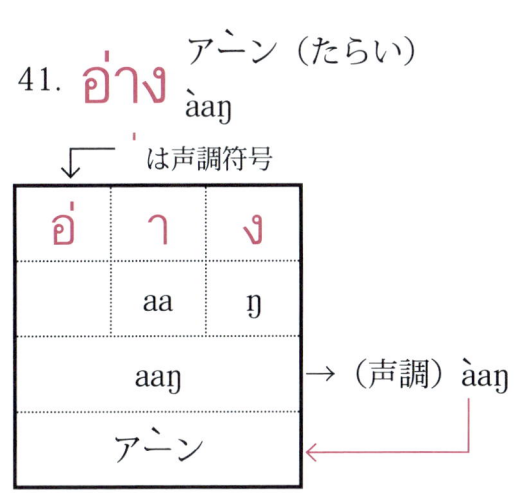

6.「コー・カイ表」で単語にチャレンジ

40. **จุฬา** チュラー（星形の凧）
　　　　culaa

จ	ุ	ฬ	า
c	u	l	aa
cu		laa	
チュ		ラー	

41. **อ่าง** アーン（たらい）
　　　　àaŋ

↓は声調符号

อ่	า	ง
	aa	ŋ
aaŋ			→ （声調）àaŋ
アーン		

อ は母音と組んで表記され、その母音だけを発音する（→ p.22）

42. **นกฮูก** ノックフーク（ふくろう）
　　　　nókhûuk

↓[o] を付けて発音する（→ p.81）

น	ก	ฮ	ู	ก
n＋o	k	h	uu	k
nok		huuk			→ （声調）nók hûuk
ノック		フーク		

7. パソコンでタイ語を表示する

Windows XP の設定

(1)「スタート」→「設定」→「コントロールパネル」から「地域と言語のオプション」を起動します。

(2)「言語」→「補足言語サポート」から「複合文字や右から左に書く言語（タイ語を含む）のファイルをインストールする」を選び、[OK] を押す。

(3) ここで一度再起動がかかります。再起動がかからない場合は、手動で再起動します。

(4) 再起動後、同じ「地域と言語のオプション」の「言語」から、「テキストサービスと入力言語」の「詳細」をクリックします。

(5) 表示された「テキストサービスと入力言語」のダイアログで「インストールされているサービス」の右横にある「追加」ボタンをクリックし、「タイ語」を選択して [OK] を押します。(1) から (4) の作業をしないと一覧に「タイ語」が出現しません。

Mac OS X の設定

(1) アップルメニューから、「システム環境設定」を開きます。
(2)「言語環境」を開きます。
(3)「入力メニュー」で「タイ語」をチェックします。

タイ語タイピングの基本

キーボードでタイ語のタイプに挑戦してみましょう。図 a を参考にして同じようにタイプしてみます。キー配列（Mac Windows 共通）を参考にしてください。

◎製品名、サービス名などは、各社の商標、または登録商標です。

7. パソコンでタイ語を表示する

キー配列（キー配列の図）

キー配列（キー配列の図：シフトキー）

図 a

声調符号　母音符号　黙字符号

ร้านกาแฟอยู่ที่ถนนสุรวงศ์

母音符号

　子音字の上や下に何もないときは、左からホームポジションに従って、左から右へタイプします。英字のみの文章を単語の区切りなしで、しかも、スペースキーも用いずに連続してタイプする要領です。

　子音字の上あるいは下にある母音符号をタイプするときは、カーソルは次のポジションへ移動しません。

　子音字の下に母音符号、上に声調符号があるときは、先に下の母音符号からタイプします。

　子音字の上に母音符号があり、さらにその母音符号の上に声調符号があるときは、母音符号を先にタイプし、次に声調符号をタイプします。

クリエンクライ・ラワンクル　東京生まれでタイ国籍。ウェブサイト検索コンサルタント。
著書『トラベルタイ語会話手帳』『タイ語会話「決まり文句」６００』（語研）、『対面式指先旅行会話　タイ語』（小学館　共著）。

編集協力	日本アイアール株式会社
装丁	バンブー・アイランド
表紙イラスト	©2006 ZAnPon/digmeout.net
本文イラスト	田中麻里子
ＣＤ録音	財団法人　英語教育協議会
ナレーター	スコンタラット・ニティシリサクン　ナロンウィット・アリーミット　中島裕美

すらすら読めてくるくる書ける　タイ文字練習プリント

２００６年１１月２０日　初版第１刷発行
２０２２年　７月１６日　　　第７刷発行

著者	クリエンクライ・ラワンクル
発行者	飯田昌宏
発行所	株式会社　小学館
	〒１０１－８００１　東京都千代田区一ツ橋２－３－１
	編集　０３－３２３０－５１７０　　販売　０３－５２８１－３５５５
印刷所	萩原印刷株式会社
製本所	株式会社　難波製本

造本には十分注意しておりますが、印刷、製本など製造上の不備がございましたら「制作局コールセンター」（フリーダイヤル 0120-336-340）にご連絡ください。
（電話受付は、土・日・祝休日を除く 9:30 ～ 17:30）

本書の無断での複写（コピー）、上演、放送等の二次利用、翻案等は、著作権法上の例外を除き禁じられています。
本書の電子データ化などの無断複製は著作権法上の例外を除き禁じられています。
代行業者等の第三者による本書の電子的複製も認められておりません。

★小学館外国語辞典のホームページ
　「ランゲージワールド」https://www.l-world.shogakukan.co.jp/
©SHOGAKUKAN 2006　　　Printed in Japan　ISBN4-09-837653-9

#				#			
1	ก	ไก่	中	2	ข	ไข่	高
3	ค	ควาย	低	4	ฆ	ระฆัง	低
5	ง	งู	低	6	จ	จาน	中
7	ฉ	ฉิ่ง	高	8	ช	ช้าง	低
9	ซ	โซ่	低	10	ฌ	กะเฌอ	低
11	ญ	หญิง	低	12	ฎ	ชฎา	中

表す音	頭子音字 … カ行の kh- 末子音字 … -k	表す音	頭子音字 … カ行の k- 末子音字 … -k
文字の呼び名	khɔ̌ɔ　　khày （卵） コˇー　・　カˋイ	文字の呼び名	kɔɔ　　kày （にわとり） コー　・　カˋイ
表す音	頭子音字 … カ行の kh- 末子音字 … -k	表す音	頭子音字 … カ行の kh- 末子音字 … -k
文字の呼び名	khɔɔ　　rakhaŋ （鐘） コー　・　ラカン	文字の呼び名	khɔɔ　　khwaay （水牛） コー　・　クワーイ
表す音	頭子音字 … チャ行の c- 末子音字 … -t	表す音	頭子音字 … ガ行の ŋ- 末子音字 … -ŋ
文字の呼び名	cɔɔ　　caan （皿） チョー　・　チャーン	文字の呼び名	ŋɔɔ　　ŋuu （蛇） ゴー　・　グー
表す音	頭子音字 … チャ行の ch- 末子音字 … -t	表す音	頭子音字 … チャ行の ch- 末子音字 … -t
文字の呼び名	chɔɔ　　cháaŋ （象） チョー　・　チャーˊン	文字の呼び名	chɔ̌ɔ　　chìŋ （シンバル） チョˇー　・　チˋン
表す音	頭子音字 … チャ行の ch- 末子音字 … -t	表す音	頭子音字 … サ行の s- 末子音字 … -t
文字の呼び名	chɔɔ　　kachəə （樹） チョー　・　カチュー	文字の呼び名	sɔɔ　　sôo （鎖） ソー　・　ソˆー
表す音	頭子音字 … ダ行の d- 末子音字 … -t	表す音	頭子音字 … ヤ行の y- 末子音字 … -n
文字の呼び名	dɔɔ　　chadaa （冠） ドー　・　チャダー	文字の呼び名	yɔɔ　　yiŋ （女性） ヨー　・　イン

13 ฏ ปฏัก 中	14 ฐ ฐาน 高
15 ฑ นางมณโฑ 低	16 ฒ ผู้เฒ่า 低
17 ณ เณร 低	18 ด เด็ก 中
19 ต เต่า 中	20 ถ ถุง 高
21 ท ทหาร 低	22 ธ ธง 低
23 น หนู 低	24 บ ใบไม้ 中

表す音	頭子音字 … タ行の th- 末子音字 … -t	表す音	頭子音字 … タ行の t- 末子音字 … -t
文字の呼び名	thɔ̌ɔ thǎan (台座) トー゛ ・ ターン	文字の呼び名	tɔɔ patàk (やり) トー ・ パタック
表す音	頭子音字 … タ行の th- 末子音字 … -t	表す音	頭子音字 … タ行の th- 末子音字 … -t
文字の呼び名	thɔɔ phûuthâw (老人) トー ・ プータオ	文字の呼び名	thɔɔ naaŋmonthoo (モントー夫人) トー ・ ナーンモントー
表す音	頭子音字 … ダ行の d- 末子音字 … -t	表す音	頭子音字 … ナ行の n- 末子音字 … -n
文字の呼び名	dɔɔ dèk (子供) ドー ・ デック	文字の呼び名	nɔɔ neen (修行僧) ノー ・ ネーン
表す音	頭子音字 … タ行の th- 末子音字 … -t	表す音	頭子音字 … タ行の t- 末子音字 … -t
文字の呼び名	thɔ̌ɔ thǔŋ (袋) トー゛ ・ トゥン	文字の呼び名	tɔɔ tàw (亀) トー ・ タオ
表す音	頭子音字 … タ行の th- 末子音字 … -t	表す音	頭子音字 … タ行の th- 末子音字 … -t
文字の呼び名	thɔɔ thoŋ (旗) トー ・ トン	文字の呼び名	thɔɔ thahǎan (兵士) トー ・ タハーン
表す音	頭子音字 … バ行の b- 末子音字 … -p	表す音	頭子音字 … ナ行の n- 末子音字 … -n
文字の呼び名	bɔɔ baymáay (葉) ボー ・ バイマーイ	文字の呼び名	nɔɔ nǔu (ねずみ) ノー ・ ヌー

25 ป ปลา 中	26 ผ ผึ้ง 高
27 ฝ ฝา 高	28 พ พาน 低
29 ฟ ฟัน 低	30 ภ สำเภา 低
31 ม ม้า 低	32 ย ยักษ์ 低
33 ร เรือ 低	34 ล ลิง 低
35 ว แหวน 低	36 ศ ศาลา 高

表す音	頭子音字 … パ行の ph-		表す音	頭子音字 … パ行の p-	
	末子音字 … -			末子音字 … -p	
文字の呼び名	phɔ̌ɔ ポー	phɯ̂ŋ プゥン (みつばち)	文字の呼び名	pɔɔ ポー	plaa プラー (魚)
表す音	頭子音字 … パ行の ph-		表す音	頭子音字 … ファ行の f-	
	末子音字 … -p			末子音字 … -	
文字の呼び名	phɔɔ ポー	phaan パーン (高脚台)	文字の呼び名	fɔ̌ɔ フォー	fǎa ファー (ふた)
表す音	頭子音字 … パ行の ph-		表す音	頭子音字 … ファ行の f-	
	末子音字 … -p			末子音字 … -p	
文字の呼び名	phɔɔ ポー	sǎmphaw サムパオ (ジャンク船)	文字の呼び名	fɔɔ フォー	fan ファン (歯)
表す音	頭子音字 … ヤ行の y-		表す音	頭子音字 … マ行の m-	
	末子音字 … -y			末子音字 … -m	
文字の呼び名	yɔɔ ヨー	yák ヤック (鬼)	文字の呼び名	mɔɔ モー	máa マー (馬)
表す音	頭子音字 … ラ行の l-		表す音	頭子音字 … ラ行の r-	
	末子音字 … -n			末子音字 … -n	
文字の呼び名	lɔɔ ロー	liŋ リン (猿)	文字の呼び名	rɔɔ ロー	rɯa ルゥア (船)
表す音	頭子音字 … サ行の s-		表す音	頭子音字 … ワ行の w-	
	末子音字 … -t			末子音字 … -w	
文字の呼び名	sɔ̌ɔ ソー	sǎalaa サーラー (あずまや)	文字の呼び名	wɔɔ ウォー	wɛ̌ɛn ウェーン (指輪)

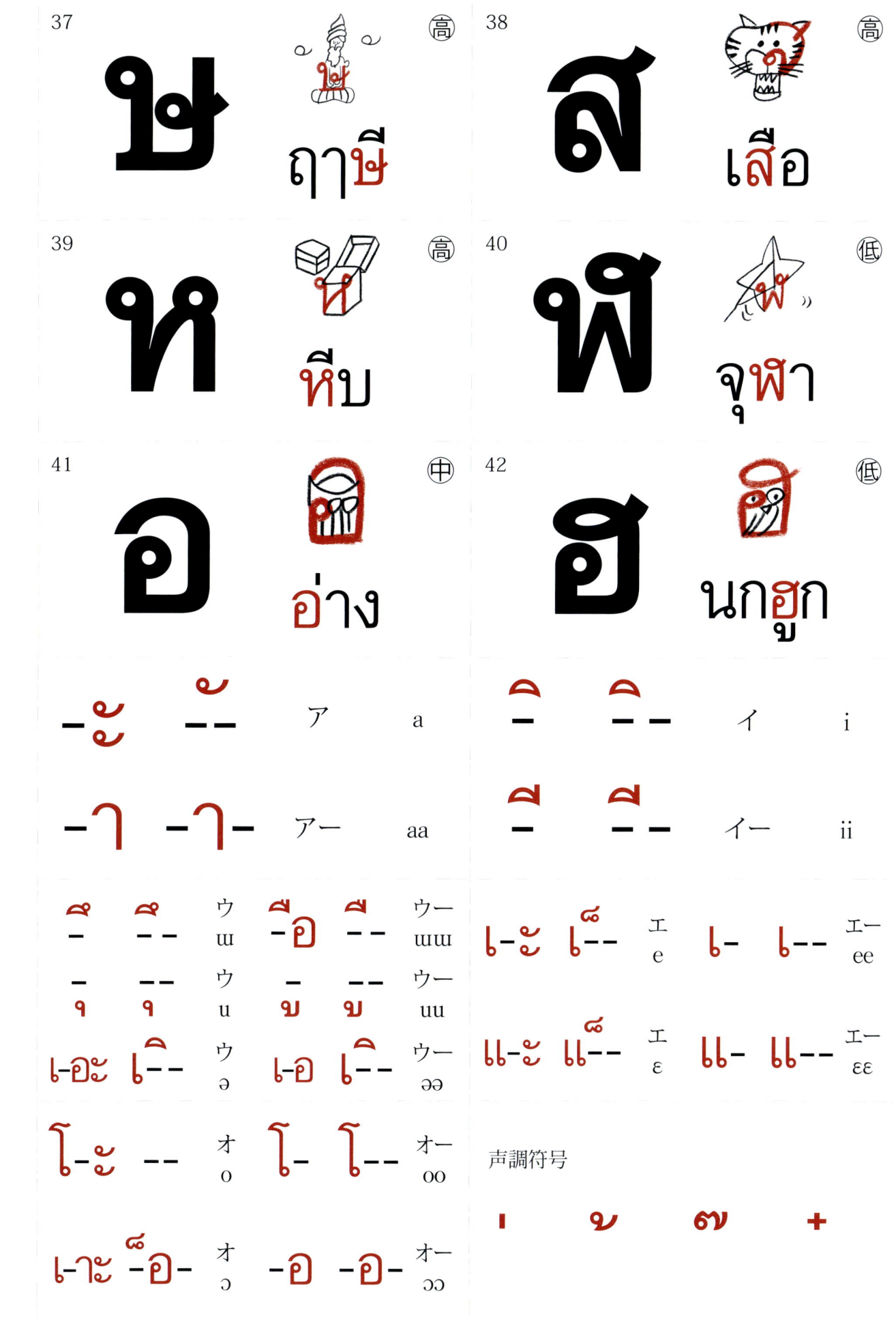

37 ษ ฤๅษี 高	38 ส เสือ 高
39 ห หีบ 高	40 ฬ จุฬา 低
41 อ อ่าง 中	42 ฮ นกฮูก 低

-ะ	-ั-	ア	a	-ิ	-ิ-	イ	i
-า	-า-	アー	aa	-ี	-ี-	イー	ii
-ึ	-ึ-	ウ ɯ	-ือ	-ื-	ウー ɯɯ	เ-ะ	เ-็-	エ e	เ-	เ--	エー ee
-ุ	-ุ-	ウ u	-ู	-ู-	ウー uu	แ-ะ	แ-็-	エ ɛ	แ-	แ--	エー ɛɛ
เ-อะ	เ-ิ-	ウ ə	เ-อ	เ-ิ-	ウー əə						
โ-ะ	---	オ o	โ-	โ--	オー oo	声調符号					
เ-าะ	-็อ-	オ ɔ	-อ	-อ-	オー ɔɔ	่	้	๊	+